石川拓治

京都・イケズの正体

GS
幻冬舎新書
473

『遊びをせんとや生まれけむ戯れせんとや生まれけん
遊ぶ子供の声きけば我が身さえこそ動《ゆる》がるれ』
梁塵秘抄

はじめに

京都は妄想を誘う町だ。

たとえばよくある、おいでやすとおこしやす問題。

京都では一見の客には「おいでやす」と声をかけ、馴染《なじ》みの客や予約客には「おこしやす」と挨拶するものだ。だから出迎えの挨拶が「おこしやす」なら客として大切にされているけれど、「おいでやす」だったらその店からは早く出た方がいいとかなんとか。

そんなあからさまな差別をするわけないだろうと頭では否定しつつも、京都で店に入るときはなんとなく挨拶の言葉に耳をそばだててしまったり。いや「おいでやす」の方がフレンドリーで親しい関係の人に使う言葉なのだと教えてくれる人がいて、何がなんだかよくわからなくなったり。

方言の細かなニュアンスの差違は、よその人間にはよくわからないから、それでいろいろ気にしてしまうということもあるのかもしれないけれど、これが九州とか東北なら、たぶんそんなに悩まない。

なぜ京都だと、言葉遣いの微妙な違いにまで耳をそばだててしまうのか。

歓迎してくれているかどうかなんて、普通は皮膚感覚でわかるのに、どうして京都でだけはそんな細かなことまで気になるのか。

京都の人は（たぶん）迷惑だと思う。気にしいの観光客にうっかり「おいでやす」と声をかけてしまわないように、気をつけなくちゃいけないわけだから。

もっと有名な「ぶぶづけでもいかがどす？」の話だってそうだ。

そんなほとんど都市伝説に類する話のせいで、京都人は顔は笑っていてもお腹の底では何を考えているかわからないなどと言われてしまう。

腹の底で何を考えているかわからないのは、京都の人だけではなく人間なら誰だってそうなのに、なぜ腹の底まで探られなければいけないのか。愛想良くしているだけなのに、イケズだとか底意地が悪いとか勘ぐられなければならないのか。

そういう風に、心の底で思っている京都の人だってたくさんいると思う。

というか、そもそもの問題として、百五十万人もの人間の性格をそんなに単純にひとくくりにできるわけがない。陽気な人もいれば、陰気な人もいる。愛情の深い人もいれば、人間嫌いもいる。正直者も、嘘《うそ》つきもいる。バリバリのイケズの見本のような人だって中にはいるのかもしれない。

京都の人ならではの言い回しというか、独特な表現が存在するのは事実だ。たとえば、彼らは基本的に相手に対する否定的な表現を嫌う。相手の意見に反対の場合でも「よろしおすなぁ」とか「それでええんとちゃいますか」などと言ったりする。京都人同士なら話の流れや声の調子で「自分はそうは思わない」ということは明白に伝わるのだけれど、他の土地の人間には時としてそういう言い回しが誤解を与えることがある。場合によっては「嫌味」と受け止められる。

京都人がイケズとされるのは、そういう理由もあるはずだ。けれど言うまでもなく、それは意地悪とは別のものだ。本来は、相手を傷つけたり波風を立てたりすることを避けるためにあからさまな否定を避けるという配慮ゆえの、京都的な婉曲話法なのだから。

いやもちろん、必ずしも配慮だけではないケースもある。「京都の人は嫌味の上手い人が面白い人だと思っているフシがある」と喝破した京都人がいる。確かにある種の軽口として、絶妙な「嫌味」を繰り出す人が京都という町には少なからず存在する。酒場でそういう会話を耳にして思わず吹き出したことは数知れない。

それも京都人の性格というよりは、むしろ京都的な「文化」に属する話だ。たとえば東北弁は他の地域の人間には木訥《ぼくとつ》に聞こえるけれど、東北の人がすべて「木訥」というわけではない。それはあくまでも言葉遣いから受ける印象、あるいは偏見であって、人々の性格とはまた別の次元の問題なのだ。

京都人がイケズだと言われるのも、そういう話のひとつに違いない。

つまり、そういう話は要するに「日本人は勤勉だ」とか「アメリカ人は鷹揚《おうよう》だ」とかいうのと同じ、ステレオタイプなわけだ。

そんなことはよくわかっている。

だが、しかしだ。

京都の友人知人の顔を思い浮かべて、そんなイケズとか意地悪な人はいないんだけどなあと思いながらも、その一方で、いや待てよ、あれはただの外面なのではないか、彼や彼女が私に言ったひとことにはもっと深い意味が秘められているのかもしれないなどと考えている自分もいたりする。

京都が相手だとなぜかそうなる。

意地悪など一度もされたことがないにもかかわらず、だ。

だから、それはおそらく京都の問題ではない。

問題はこちらの心の中にある。

自分の影におびえている。

はっきり言えば、京都に対するそこはかとない劣等感が原因なのだ。劣等感ではちょっと強いか。もう少し正確に言うなら、日本人の多くが、程度の差はあれ、京都に行くとなんとなく引けめを感じる。

何に引けめを感じるかは人によってさまざまだ。

京都の伝統や文化に圧倒される人もいるだろう。美しい料理や行き届いたもてなしに逆に気後れする人もいるはずだ。老舗の風格あるたたずまいや隙のない礼儀作法に気圧《けお》される人もいるに違いない。

私の場合は、なんだか自分が根無し草になったような気分に襲われる。

京都の町を歩いていて見かけた光景や、ふと気づいた人と人との関係性に、この町は生きているなあと感じる。そして翻って東京での自分の暮らしを思い、自分がそういう風に周囲の人や町と人間的なつながりを持たずに生きていることをひしひしと感じる。

京都はいいなあと思う。

そう思えば思うほど、自分がこの町に受け入れられているかどうか不安になる。

いや別に、ただ旅をしているだけで、受け入れられるとか受け入れられないという話ではちっともないはずなのだ。ただのお客さんなんだから、旅が終われば家に帰るだけのことなのに、そう簡単には割り切れない。

劣等感を所属感の欠如と説明した心理学者がいるけれど、まさにそういう感じで、京都のあれこれに感動したり、いいなあと思ったりする心の片隅には、そこに所属したいという願望が潜んでいる。

京都に住みたいと思っているわけでもないのにそう感じるのは、ほんとうは自分の町の暮らしもそうであってほしいという思いがあるからだ。京都でさまざまな引けめを感じるのも、根っこには同じ思いがある。

それが単なる異文化なら、引けめを感じることはない。

ただ自分たちとは生き方の違う人たちがいると認識するだけのはずだ。

京都への憧れは、単なる憧れではなくて、自分たちもほんとうはこういう暮らしをした方が幸せなんじゃないかとか、自分たちの町もこうあるべきなんじゃないかという思いも入り混じったコンプレックスに違いない。

だから引けめを感じるし、あれやこれやと妄想の翼も広げてしまう。

けれどその妄想は、京都の魅力の一部でもあるわけだ。

魅力的な異性に出会ったときに、あれやこれやと妄想するのと同じことだ。

結婚したいとか、つきあいたいとか思っているわけでもないのに、その人に好かれているかどうかが気になるように、京都で出会うあれこれに妄想を抱く自分を発見する。

何かを正しく理解するには、その妄想の根源をじっと見つめる眼差しが必要だ。

人は世界を妄想しながら理解するからだ。

山頂にいたる登山道は、曲がりくねっている。

あれこれ誤解をしたり、妄想をしたりしながら、人は少しずつ何かを理解する。

妄想は理解へのプロセスなのだ。

そういうわけで、(強引だけど) これから私の京都についての「妄想」につきあっていただこうと思っている。

これがほんとうの京都だなどと言うつもりはない。

ただ、京都という町には、日本に暮らす我々が将来のことを考えるときに参照すべきもの考え方や感じ方の手本があると私は考えている。
そう考えていること自体が、お前の妄想だと言われれば返す言葉はない。

京都・イケズの正体／目次

第三章 老舗の力は生まれ変わる力 99

第一章 「はんなり」だの「みやび」だのが京都ではない

徹夜明けの灰皿の匂いのする茶

「初めてですか？」

商品の名を告げると、店員にそう聞かれた。

店員は若い女性で口調も丁寧だったけれど、京都の老舗で働く人々に共通するある種の威厳のようなものを漂わせていたのをよく憶えている。

厳密に言えば、初めてではない。ある料理屋で食後に出されたその茶を飲み、どこで買えるかを聞いて、寺町《てらまち》通のその店に足を運んだのだから。

けれど、その静かな威厳に気圧された。湯飲みに一杯飲んだくらいでこの茶を知っているなどというのが得策でないことは明らかだった。だから、こういう場合の一般的行動原則に従うことにした。

京都人の前で知ったかぶりをするなかれ、だ。

「あ……、はい。初めてです」

そう告げると、店員は店の奥に一旦引っ込み大きなブリキの茶筒を抱えてきた。私の目の前で蓋を開け、どうぞという仕草とともに、茶筒をそっと私の鼻先に突きつける。

手つきこそたおやかだが、効果は衝撃的だった。

鼻腔《びくう》が一瞬にして、強烈な煙の匂いに包まれた。スモーキーといえばいえないことはないが、率直に言ってそんな小洒落《こじゃれ》たニュアンスとはほど遠い。

茶筒に鼻を突っ込んだ私の脳裏に浮かんだのは、煙草の吸い殻の映像だった。

それも一本や二本ではない。徹夜明けの仕事場の、乱雑な机の上に放置された灰皿の吸い殻の山だ。その山のてっぺんに鼻を突っ込み、思い切り息を吸い込んだら、きっとこんな匂いがするんじゃなかろうか。

目を白黒させていたと思う。昨晩夕食の最後に出された茶も確かにかなり芳《こう》ばしい香りがしたけれど、ここまで野放図かつ暴力的ではなかった。

無表情だった店員の頬が心なしか緩んだ気がしたのは、私の思い込みかもしれない。けれど口調は明らかにさっきよりも柔らかくなっていた。

「これです（どす、とは言わなかったと思う）けど、大丈夫ですか？」

こちらを気遣う気配がした。若い女性に大丈夫かと気遣われ、いいオジサンが「駄目です」なんて応えられるもんじゃない。しかも、たかが茶ではないか。

……いや、正直に言おう。

ちょっと、大丈夫じゃないかも、という気もするにはした。

茶筒の中の茶葉は見かけも激しくワイルドだった。

まず、煎茶や玉露のような撚《よ》りがかかっていない。押し花のように、茶の葉がそのままの形でプレスされている。大きさも形も不揃いというかてんでんばらばらで、粉々に割れたものもあれば、何枚か重なってくっついているものもある。茎もそのまま葉についていたりして、ほとんど小枝と呼んだ方がいいくらいの太い茎もかなり混ざっていた。

色は茶色。薄い茶から濃い焦げ茶まで、さまざまな色調の茶色が混在している。

そういえば子どもの頃、茶色はお茶の色ということだろうになんで緑じゃなくて茶色なんだと不思議に思ったことがあるけれど、この煙臭い茶の葉の色が茶色の語源だったとしたら話の筋は通る。

ありていに言えば、それはお茶というよりも、むしろそこらへんからかき集めてきた落ち葉に似ていた。秋の終わりに掃き集めた落ち葉を何週間か放置して完全にカラカラに乾燥させ、茶筒に詰め込んだらきっとこんな風に見えるだろう。

もう一度繰り返すが、そういう外見的には「ほぼ落ち葉」が茶筒の中で強烈な煙草の煙の匂いを放っているのだ。

こんなものを家に持って帰っていいのだろうか。美しい妻と可愛らしくていたいけな二人の幼い娘の待つ東京の我が家に……。

ちなみにその当時、私はまだ喫煙者だった。それもかなり重度の。ヘビースモーカーの私が煙草臭いと感じたのだから、冗談抜きでかなり深刻に煙草臭かったのだ。

こんなものを、美しい妻と可愛らしくていたいけな……ま、とにかく、そういう素晴らしい家に持ち帰っていいものなのかどうなのか。

妻も二人の娘たちも、極端な煙草嫌いだ。我が家といえども喫煙が可能なのは、私の仕事部屋のみに厳しく制限されていて、もちろん私はそのルールを堅く守っていたのだけれど、それでも少しでも換気を怠ったりすると仕事部屋の前の廊下が「煙草くさいっ！」と怒られる。

「京都の老舗茶舗《ちゃほ》で売られている身元の確かなお茶で、こんな匂いはするけれどニコチンはもちろんだがカフェインさえもほとんど含まない健康的な飲み物だ」と説明しても、妻と娘は耳を貸してくれはしないだろう。そうじゃなくても禁煙しろと煩《うるさ》い彼女たちが、煙草臭いお茶など買って帰ったらどんな顔をすることか。想像するまでもなかった。

なら、買わなきゃいいじゃん。

そういう意見もあるとは思う。というか、それが常識的な選択だ。煙草が煙草臭いというだけで肩身の狭い思いをしているのに、そのうえ煙草の匂いがプンプンするお茶を買う必然性などどこにもありはしない。

けれど、にもかかわらず。私は店員にこう応えていた。口もとにはなんとか微笑みを浮かべることができたけれど、声は若干裏返っていたかもしれない。

「だ、大丈夫です。そ、それください」

その茶を、京番茶という。

ぶぶづけは何で作る？

もっとも京都の人は、あまり京番茶とはいわない。

普通は単に番茶と呼ぶ。京都で番茶といえばこの京番茶を指すので、わざわざ京をつける必要はない。おでんのことを関西では関東煮《かんとだき》と呼ぶが、関東人はこの言葉は使わないというのと同じ話だ。

ただ、東京をはじめ日本各地からやって来る観光客に「番茶といってもこれはあなたの知っている番茶とはかなり違いますよ」と知らせるために、便宜的に京番茶と呼ぶのだろう。他の番茶と違うことを示すのが目的なので、必ずしもその便宜的名称は京番茶に統一されているわけではない。京都の茶舗ならだいたいどこでも京番茶を扱っているが、「刈り番茶」と呼ぶ店もあれば、私が最初に行った寺町通の老舗茶舗では「いり番茶」という商品名で売られていた。

単に呼び名が違うだけなのか、それとも多少中身が違うのか。両方買って飲んでみたけれど、大きな違いはなかった。ほぼ同じだろうと思う。つまり買ってきて袋を開けるとそこらへんから集めてきた枯れ葉のような茶葉が強烈な煙草の匂いを放っている。

煙草の匂いにも驚いたけれど、それ以上に衝撃的だったのは、そういう……なんと言えばいいか、粗野なお茶が京都で愛飲されているという事実だった。

わかりやすく言えば、京都っぽくない。ぜんぜん京都らしくない（と、少なくともそのときの私は思った）。

一般的な日本人が実物を知らずに「京番茶」という言葉だけを聞いたら、何やら淡くて繊細ではかなげなお茶を想像するのではなかろうか。あるいは桃色だの黄色だのの浮き実の浮いた可愛らしいお茶か何かを。猟師の山小屋とか炭焼き小屋が似合いそうな、こんな荒々しいお茶を思い浮かべることはまずないはずだ。

ところがこのちっとも「京都っぽくない」京番茶が、京都の一般家庭でごく普通に飲まれているらしい。

もちろん古都京都とて、昨今のコンビニとファストフード文化の影響を被っていないわけではない。お茶といえばペットボトルからそそぐものと信じている若者は、この地にも増えている。当然ながら、京番茶には馴染みがないという若者もいないではない。

けれどそれでも、やはり今も多くの京都の人にとって、京番茶は子どもの頃から慣れ親しんだソウルフードのごときものなのだという。京都人は意地悪というたとえ話に幾度となく使われ今や都市伝説と化した「ぶぶづけ（茶漬け）でもいかがどす？」のぶぶづけも、(もしほんとうに作ってくれるとしたらの話だが）この京番茶で作るのが定番なのだ。

いや実際、京番茶の茶漬けは絶品だ。塩昆布でも明太子でも塩鮭でも、具はなんでもいい。いや具がなくても、ひとつまみの塩をパラリとご飯にかけ、京番茶をそそぐだけでもいい。これを食べたら、普通の煎茶の茶漬けが物足りなく思える。ちなみに京番茶は冷やしてもいい。夏場に食べる、冷たい京番茶の茶漬けの旨さといったら！

……いや、これはあくまでも私の感想だけど。

実を言えば、私がこの京番茶と出会ったのは、今から二十年近く昔のことだ。私はまだ三十代だったが、京都はかなり知っているつもりだった。仕事でもプライベートでもよく通っていたし、仲の良い友人もいた、馴染みの店も何軒かあった。知り尽くしたとはもちろんいわないが、京都に関する基本的なこと大切なことはだいたい理解しているつもりでいた。

それだけに衝撃は大きかった。

京都にこんな茶があることを、自分は今までまったく知らなかったのだ。

それがたとえば京都で人気の菓子とか、流行っている料理屋とかいう話だったら、まったく知らなかったとしても別になんとも思わなかっただろう。京都に関する話題は、何もかも知っていなければ気が済まないというような話ではない。

衝撃を受けたのはそれが他でもない、茶の話だったからだ。

日本の文化の中で、茶は特別な意味と地位を持っている。

それは単なる飲料ではない。茶を点《た》てて飲むための喫茶法が、茶道という名の「道」にまで高められ、建築や造園、美術に工芸、文学から宗教、さらには料理にいたるまで、あらゆる分野に深い影響を与えている。岡倉天心《おかくらてんしん》は、日本文化の本質を理解するには茶道を理解しなければならないとまで言った。

京都とはつまり、千利休《せんのりきゅう》がその茶道を完成させ、今もその中心であり続けている土地なのだ。利休を祖とする三千家、不審庵の表千家も、今日庵の裏千家も、官休庵の武者小路千家も、二十一世紀に入った現在も同じ京都の一角にある。

利休の時代は抹茶で現代の茶の主流は煎茶という違いはあるけれど、このツバキ科ツバキ属の常緑樹の葉に由来する液体を飲む習慣はこの日本においてすでに数百年も続いていて、京都はその中心なのだ。

たとえば薄暗い茶室で練り上げたあのどろりとした濃茶の官能的ですらある鮮烈な味と香り、あるいは茶葉の量と湯の温度と抽出時間を正確に測って淹《い》れた極上の玉露の一滴に凝縮したためまいがするほどの旨味。日常の時空を一瞬にして鮮やかに非日常へと変貌させてしまう茶という不思議な飲料にまつわる文化を磨き、洗練させてきたのが京都という町なのだ。

よりによってその茶の都で、普通の感覚ではとても茶とは思えないような、こんな煙臭いお茶が愛飲されているということを、私は知らなかった。

しかも調べてみると、少なくとも利休の時代からどうもそうだったらしい。

利休の時代、つまり戦国時代の日本にやってきたイエズス会士たちは、宣教活動のためにポルトガル語で日本語の辞書を書いた。日葡《にっぽ》辞書というこの辞書には、だから室町後期の日本の話し言葉がたくさん収録されている。Banchaという言葉も載っていて「上等のでない普通の茶」と説明されている。

その時代から、番茶は普通に飲まれていた。利休だって、きっと番茶を飲んでいたに違いない。信長とか秀吉とか、戦場の硝煙と血の匂いをぷんぷんとさせた戦国武将と四畳半だの二畳だのという狭い茶室で相対し、濃茶を献じた夜に独り番茶を淹れ、「ああやっぱりこっちの方が旨い」と言ったかどうかはともかくとして（彼の時代のBanchaと現代の京番茶が厳密に同じものであったかどうかはよくわかっていない）。

この発見は、なんといえばいいか、それまでの私の〝京都観〟を大きく覆した。

たとえば、自分がよく知っていたはずの世界が実は何かとても異質なものであったとしたら……。村上春樹の『1Q84』じゃないけれど、ふと夜空を見上げると二つの月が昇っていてしかも誰に聞いてもそれが当たり前のことだったとしたら、きっとこんな気分になるのではなかろうか。

「ゴメン、これだけは絶対無理！」

そんなことを言うと、京都の人は嗤《わら》うに違いない。

「なんやと思たら番茶の話ですか。大袈裟《おおげさ》やなあ」

物心つく前から日常的に京番茶を飲んでいる彼らは、このお茶特有の煙臭さを普段はほとんど意識することはないようだ。誰かに指摘されてはじめて「そういえばそうやなあ」と思うのがせいぜいらしい。番茶は番茶で、それ以上でもそれ以下でもない。番茶がよく飲まれるのは、それが安いからだ。

いわく、京都人は締まり屋である。

「お粥《かゆ》隠しの長暖簾《のれん》」という言葉がある。京都の商家の長暖簾は、奥で奉公人が粗末な粥で食事をしているのを隠すためのものだというのだ。粥で食事を済ませるくらいだからもちろん煎茶は来客用の贅沢《ぜいたく》品で、日常的には安い番茶で十分というわけだ。

その説明に誤りがあるとは言わない。

高価な茶は50グラムとか100グラム単位で売られるけれど、京番茶は400グラム入りの大きな袋で売られている。100グラムあたりの価格は200円から300円というところだろう。京番茶が極めて安価な茶であるのは事実だ。

けれど、彼らは煙臭さを我慢しながら安い茶を飲んでいるわけではない。彼らが番茶を好むのは、それが安いだけでなくおいしいからだ。確かにちょっと癖はあるけれど、飲み慣れればあんなに旨い茶はないと多くの京都人は言う。

あの煙臭い香りと味が好きなのだ。

彼らはあまり表立って番茶愛を語りはしないけれど。もしかしたら「春の筍《たけのこ》、秋の松茸《まつたけ》」よりも、京番茶を愛しているのではないかとさえ思う。

あの独特の煙臭さには、抹茶や煎茶とはまた別の意味で人を惹《ひ》きつける何かがある。

そう思うのは、私の家族にも同じことが起きたからだ。

誤解させたかもしれないが、私は物珍しさから京番茶を求めたわけではない。

なぜかはわからないが、その最初の出会いから魅了された。初めて茶葉の匂いを嗅いだときは、そのあまりの煙臭さに面食らったけれど……。

家族には拒絶されるだろうけれど、なんとかこのお茶を東京の我が家でも飲みたいと思ったからこそ、400グラム入りの大きな袋にぎっしりと詰められた京番茶を三袋も買い込んで新幹線に乗り込んだのだ。

400グラム入りが三袋で合計1・2キログラムだ。それまでの三十数年の人生で、そんなに大量のお茶を一度に買ったことはない。大量に買ったのは、次に京都を訪ねられるのがいつになるかわからなかったからだ。いろんな意味で（しつこいけど）その強烈な煙臭さにビビリながらも、このお茶が切れたら欠乏感に苛《さいな》まれそうな予感がしたのだ。

妻と娘たちの反応は、まあ、想像通りだった。

「ゴメン、これだけは絶対無理」

茶袋に印刷された京番茶の淹れ方に忠実に従い私が淹れた一杯に恐る恐る口をつけ、妻がそう呟《つぶや》いたのを昨日のことのようによく憶えている。煙草の吸い殻にお湯をそそいだらこんな味がするに違いないと彼女は言った。どんなに頑張っても自分がこれに慣れることはあり得ない、と。

二人の娘たちは「うわっ」とか「げっ」とか言いながら洗面所に走っていった。

「何このお茶？　なんでこんなに煙の匂いがするの？」

ただし、反応は思った通りだったが、想像したほど激しくは拒絶されなかった。自分たちが飲むことは金輪際ないと宣言したが、私がそれを飲むことまでは止めなかった。

お茶という液体から、なぜ煙の匂いがするのか。娘たちにはそれがまず不思議でならなかったようだ。妻はそれが京都の老舗茶舗、『一保堂《いっぽどう》』で売られていたという私の説明に好奇心をくすぐられたらしい。『一保堂』の玉露は彼女の大好物だ。

最初のうちこそ私がその茶を飲むたびに「よくそんなもの飲めるね」などと騒いでいた彼女たちだったが、いつしか私が京番茶を淹れるたびに「一口だけ飲んでみる」とか言いながら私の湯飲みを横取りしてちびちびすするようになった。さらに驚くべきことに、私が京番茶を淹れていると当たり前のように自分の湯飲みを差し出すようになるまでに二ヶ月もかからなかった。

あんなに煙草臭いと言っていたはずなのにどうしたことだろう。

ひょっとして煙草の匂いも気にならなくなったんじゃないかと聞いてみたが、三人ともきっぱりと首を横に振った。

煙草の匂いと京番茶の匂いは、彼女たちによれば（今では）まったくの別物なのだそうだ。どちらも煙臭いのは同じだけれど、煙臭さの質が違う。そして京番茶の煙臭さはまったく嫌いじゃない。むしろ大好きだ。なぜそうなったのかはわからないが、そうなってしまった以上、これからは京都に行ったら必ずこれを買ってきてほしい。

とまあ、そういう意味のことを三人から異口同音に告げられた。

あの煙の匂いの奥には人を虜《とりこ》にする何かが隠されている。煙草の匂いをこの地上に存在するあらゆる匂いの中で最も嫌う我が家の三人の女性たちをも虜にしてしまう何かが。

あれから二十年近く、我が家では京番茶を切らしたことがない。

脳内でデフォルメされた京都

いうなれば、京番茶は京都の裏の顔だ。

その証拠に、こんなに京都の人々に愛されているにもかかわらず、基本的に京番茶はあまり表立っては売られていない。たとえば私が初めて京番茶を買った『一保堂』では、今もこの章の冒頭に記したように、初めての客には京番茶の匂いを実際に確かめさせ、その匂いを客が理解し納得した場合にのみ販売するという方法を取っているという。匂いを知らずに買った客から、苦情が来ることがあるらしい。

我が家の食料庫に京番茶を欠かさぬように補給しておくのが私の役目になり、最初の数年間は涙ぐましい努力をした。京番茶は『一保堂』の本店でしか扱っていないと思い込んでいたのだ。ネット通販がまだ普及していなかった時代の話だ。

だから京都に出かけるたびに寺町通の店に通い、あの大きな茶包みを何本も買い込んで運んだ。大阪や神戸に取材に出かけた帰りにわざわざ京都で途中下車して買いに行ったことも何度かあるし、京都に遊びに行くという友人を拝み倒して買ってきてもらったこともある。間抜けな話だけれど、そんなことをする必要がないと知ったのは、何年もそういう苦労を続けた後のことだった。あるときふとため息交じりに、東京に暮らす自分には京番茶を手に入れるのがいかに大変かを話すと、例の『一保堂』の若い女性店員が気の毒そうにこう言ったのだ。

「東京のお店にも置いてますが……」

「！」

そのときの腰から一気に力が抜けるような感覚も、鮮明に私の記憶に刻まれている。

読者も先刻ご存じのように、全国の有名デパートに『一保堂』の支店はある。東京にももちろんある。私も普通のお茶を買うためによく立ち寄っていたのだけれど、京番茶がショーケースに並んでいるのを見たことはなかった。「ありますか？」と尋ねることはもちろんできたわけだけれど、それを一度もしなかったのは、本店の奥から京番茶の茶筒を静々と運んでくる店員の姿が脳裏に深く刻まれていたからだった。

東京の支店でも買えるけれど、どの店でも買えるわけではないということも店員は教えてくれた。京都の本店から社員が直接出向している店なら、だいたいは置いてあるということだった。

もっともそういう店でも京番茶がショーケースに並べられているわけではない。直接「京番茶ありますか」と尋ねてはじめて、店員はどこか秘密の場所から取り出してくる。なんとなく意味ありげな、嬉しげな笑みを浮かべながら……。

それは東京で暮らす京都人へのサービスとして始まったに違いない。

京都で生まれ育った人が関東に引っ越して、京番茶がどこにも売られていない……どころか誰も京番茶を知らないことにひどく驚いたという話を聞いたことがある。私と逆のケースだ。たぶんそういう京都育ちの人のために、ひっそり京番茶を置いているのだろう。

その男性的というか野性的というか、荒々しい香りは、一般的日本人がなんとなく抱いている京都的なイメージとはかけ離れている。繊細で洗練されたものを好み、淡きこと水のごとしの京都文化とは相容れないもののように思われる。

けれど光あるところに影があるように、スポットライトの当たる舞台の裏には必ず舞台裏があるように、いわゆる「京都的」なものは「京都的」なものだけで成立しているわけではない。それはあくまでも観光客の脳内でデフォルメされた京都の一面であって、実はその向こう側に京都のほんとうの面白さが隠れている。

「はんなり」だの「みやび」だけが京都ではないのだ。

京都の文化の根っこは、もっと強靱《きょうじん》で健《したた》かな生命力に支えられている。煙臭い京番茶を飲むたびにそう思うようになった。

悟りの窓は、血天井の下にある

洛北の鷹峯《たかがみね》の源光庵《げんこうあん》に、迷いの窓と悟りの窓が並んでいる。

庭園に面した本堂の壁を四角くくり抜いたのが迷いの窓、その左隣の壁をまん丸くくり抜いたのが悟りの窓だ。

窓の外に見えるのは同じ庭の景色だ。春は青紅葉、秋は紅葉が燃えるように美しい。

その同じはずの眺めが、丸窓と角窓では違って見える。

悟りの丸窓は、アンセル・アダムズの風景写真みたいに美しい完璧な構図だ。迷いの角窓は、どこか雑然としていて視線が定まらない。迷いの窓とはよく言ったものだ。

言葉の暗示にかかっているわけではないと思う。角度を変えて、窓から見える景色を微妙に変えても、その印象は変わらない。視覚の生理作用によるのだろうが、それにしても面白い。誰がこんなことを考えたのか。

広い畳敷きの本堂に胡座《あぐら》をかいて、左の悟りの窓と右の迷いの窓を交互に眺めているだけで一時間やそこらはすぐに過ぎる。JR東海の「そうだ　京都、行こう。」のシリーズ広告でも何度か映像になって今やすっかり有名だから、春と秋のシーズンはぼんやり眺めるどころではないかもしれないが。

そういう場所があるだけでも、京都はいいなあと思う。

けれど京都はそれだけではない。

源光庵の丸窓と角窓を見比べるのに飽きたら、天井を見上げよう。

天井は四百年もそこにあって煤《すす》けているから、すぐには見つからない。けれどほの暗い天井のあちこちに目を走らせ、じっと目を凝らすと、人の掌や足の裏の跡が見えてくる。

関ヶ原の戦いの二ヶ月前、家康方の鳥居《とりい》元忠《もとただ》の兵千八百人が守る伏見城を石田三成方の四万の兵が攻撃した。鳥居の兵は奮戦するが、十日後に落城。死闘を生き延びた三百八十名も伏見城の広間で自刃して果てる。

その床板を運んで貼ったのが、源光庵の天井だ。

足跡や手形は薄茶色に変色しているけれど、それは人の血だ。

そうと知って見上げると、血糊《ちのり》で手や足が滑った跡までが見える気がする。血の海だったのだろうなと思う。

こういう天井を血天井と呼ぶ。

この時代なりの供養だったらしい。

その感覚はわかる気もするけれど、自分にどこまでわかるのかとも思う。

褐変《かっぺん》した血の跡は、生々しくはあってもどこか遠い。

だから今ではそれをグロテスクな見物と見なす人も少なくないらしいが、当時の人々がそういう目で見ていたはずはない。

当時の人は何を考えながらこの天井を見上げていたか。彼らの目に、あの丸窓と角窓はどう映ったか。あるいは映らなかったか。

血の跡はもっと鮮やかだったはずだ。その血の海に倒れた人の生前の顔を憶えている人も当然いただろう。その人にあの足跡はどう見えたのか。

現代人の我々には、それを想像することはできるけれど、ほんとうのところはよくわからない。おそらく絶対にわからない。

そういうよくわからないものが京都には今も残っていて、だから私は繰り返し京都に出かけるのだと思う。

丸窓と角窓だけだったら、たぶん……。

灰になった東京

よくわからないものに惹かれるのは、自分の周囲にはよくわからないものがひとつもなかったからだ。東京でそういうものに出会ったことはなかった。

もちろんそれは、私にとって東京が日常の生活空間であるということも幾分かは関係していると は思う。

日常生活はルーティーンで、広い東京に暮らしているつもりでも、行動範囲は一本の線の往復だったりする。旅に出れば道にも迷うし、好奇心も手伝うからあちらこちらをうろうろする。それに知らない街では、どういうわけか嗅覚が鋭敏になる。

妙なモノに出会《でくわ》す確率は、旅先の方が圧倒的に高い。

だから京都の人が東京へ旅すれば、もしかしたら私のようによくわからないものを見つけるのかもしれない。

……いや、おそらくそれは難しいだろうと思う。

珍しいものや、見たこともないものに出会うことはあるだろう。東京にあって、京都にはないものはたくさんあるはずだ。

けれど、よくわからないものだけはない。まったくないとは言わないけれど、少なくとも京都のようにあちらにもこちらにもあるわけではない。

なんだか変な言い方だけど。

東京にはさまざまなものがあるけれど、何もかもが説明可能だ。そこにそれが存在する理由がはっきりしている。そう断言できる。

なぜなら東京は一度灰になったからだ。

私が京都を好きな理由はいくつもある。

けれどよく考えてみれば、その好きな理由のほとんどすべては、他の土地でも満たせることだったりする。心のこもった料理を食べさせてくれる料理屋も、会話の楽しいバーも、いつまでも散歩していたくなる道も、ひとりでぼんやりと眺めていたい景色も、京都だけの専売特許ではない。

もちろん東京にもそういう場所はある。

だからそういう意味では、日本中の町が好きだ。

ただしどの町も、京都には勝てないことがひとつだけあって、それがつまりそのよくわからないことの存在だ。

京都に通うようになって、頻繁にそのよくわからないものに出会すようになって、気がついたことがある。

それは、町にはよくわからないものがあるのが本来だということだ。

人の精神が意識と無意識でできているように、町というものも本来は説明可能なものとそうでないもの、つまりよくわからないものから成り立っている。

それが自然な町だ。

京都という町を見ながらつくづくそう思うようになった。

よくわからないものとはつまり、忘れられた過去だ。忘れられた歴史と言ってもいい。

血天井が作られた真の理由、あるいはその時代の人々がどんな思いで血天井を見上げていたかを、ほんとうの意味で知ることはもはや不可能だ。けれど鷹峯の源光庵には血天井が今も存在していて、そこで私たちに何かを語りかけている。それはいわば町の無意識となって、今も京都の文化に影響を与え続けている。

そういう血天井のようなものが、京都の町には無数に存在している。

京都にはたくさんの季節の行事があり、時候の挨拶があり、しきたりがある。そういうものが、日本の他の町に比べれば、きちんきちんと守られている。なぜそんなことをしなければいけないのか。合理的な説明などほとんどの人が忘れているのに。

町の無意識が、京都ではまだ脈々と生きているのだ。

人の心はしばしば氷山にたとえられる。氷山の海面から上の部分が意識で、海中に没している部分が無意識だ。氷山全体の割合からいえば、海上に浮かんでいる部分はそれこそほんの氷山の一角で、海中にあって見えない部分の方が圧倒的に大きい。人の心も氷山とよく似ていて、無意識の部分に膨大な量の記憶が蓄えられている。

その膨大な量の記憶に、私たちの意識は直接アクセスすることはできない。記憶として脳のどこかに刻まれてはいるのだけれど、それを思い出すことはできない。けれどその無意識の記憶は、私たちの意識にさまざまな影響をおよぼしている。

たとえば人を好きになるのも。

人を好きになるのに理由はないと言う。あるいはなぜ好きになったかよくわからないとも言ったりする。その正確な意味は、それを意識では説明できないということだ。意識が説明できないのは、無意識下に理由があるからだ。

人の行動の多くは、この無意識の記憶に左右されている。

同じことが、京都という町についても言える。

人間関係にしても、自然とのつきあい方にしても、あるいは異文化の受け入れ方にしても。この町で暮らす人々は、私の目には、独特の型を持っているように見える。

なぜそうするのかを意識せずに、彼らは自然にそういう行動を取る。

それは京都の無意識が、そうさせているのだと私は思う。

京都の無意識とは、つまり町の無意識下に蓄えられた忘れられた記憶だ。

アメリカさんはよう知ってはったのか？

けれど東京にはそういうものが存在しない。まったく存在していないわけではないのだろうけれど、京都のように生き生きとは存在していない。

それはすでに述べたように、東京が七十年前に灰燼《かいじん》に帰したからだ。

いや、灰になっただけなら、こうはならなかった。

京都の町も何度も焼かれた。幕末の禁門の変による大火は、鎮火までに三日かかり二万七千軒が焼けた。人々は山に逃れ、町が焼き尽くされていくのをおろおろと眺めているしかなかったという。だからこの大火は、どんどん焼けとも呼ばれる。どんどん焼けて、手の施しようがなかったからだ。

それでも京都は甦った。家々が焼けても、人の記憶と町の文化が破壊されたわけではなかったからだ。形状記憶合金のように、記憶と文化が残されていれば町は復元される。

東京も焼け野原から復興したけれど、新しくでき上がった町は以前とはある意味でまったく違ったものになっていた。

それは東京の復興が、外国からもたらされた新しい価値観を土台にしていたからだ。

敗戦後の日本の「民主化」を批判しているのではない。

問題は、それ以前の日本的な価値観や思考様式の大半が、「間違ったもの」「古いもの」

として否定されてしまったことだ。

その結果として、たとえば人とのつきあい方とか自然との向き合い方、あるいは美意識というような文化の重要な特徴が破壊された。

もちろん当時は、戦前の東京の記憶や人の紐帯《ちゅうたい》を忘れずに記憶し、そのつながりの中で生きていた人たちもまだかなりいたはずだ。

けれど追い打ちをかけるように、高度経済成長と東京オリンピックがやって来て、運河を埋め立て首都高を張り巡らせ東京の地形を変えてしまった。その勢いで、そこに根づいていた地縁やら人のつながりやらまで含め、人間らしい営みの根源に関わるありとあらゆるものをずたずたに引き裂いてしまった。

東京の文化を地下で支えていた根が断ち切られたのだ。

そして綺麗さっぱり過去との縁を絶った東京に、植樹でもするように新しい町が植え込まれた。そして私のように東京以外の土地で生まれ育った人間がそこに住みついた。

それは新しい価値観の下に意識的に作られた都市なわけで、だからそこにあるものはどれもこれもが説明可能で、そこにある意味と理由がはっきりしている。

植林の森がそうであるように、そこに植える樹木はすべてあらかじめ計画される。鳥がどこかから運んできた種から成長した正体不明の木が生えたりすることはない。雑草はすぐに引き抜かれる。極端に言えば、東京はそんな感じなのだ。

いや、もちろん現在の東京にだって、江戸時代から連綿と伝わる伝統文化は保存されているし、その精神を大切に受け継ぐ人たちはいる。その苦労や努力を過小に評価するつもりはない。けれどそういうものが、ごく普通にこの大都会に生きている我々の暮らし方やものの感じ方、あるいは考え方と有機的なつながりを持って存在しているとはやはりどうしても思えないのだ。

そうなる前の東京には、京都と同じように、無数のよくわからないものが存在していたはずなのに。

それが町の無意識として、東京という町の文化の型を決めていたはずなのに。

その残響は今も落語の中に聞くことができるけれど、もはや遠い記憶でしかない。

昔の東京の下町では、めったなことではよその町に出かけなかったという話を聞いたことがある。一通りの店が揃っていたから、町内でたいていの用事が足りたのだそうだ。だから豆腐を買うのも蕎麦や鮨を食べるのも、町内の店と決まっていた。

そういう時代の人間関係は、今とはよほど違っていたはずだ。

東京と京都の違いは、京都の町には今もそういう昔の記憶がかなり色濃く残っているということだ。昔のことは忘れているとしても、その時代の行動様式や人と人の関係のあり方が、今の京都の人々の意識や行動の中に生きている。つまり京都という町の無意識に刻み込まれている。

京都では、昔と今とが地続きにつながっているのだ。

もちろん京都にしても、戦後のこの国に津波のように押し寄せた価値観の変化に晒《さら》されなかったわけではない。東京と同じように、京都も占領された。

けれど京都はほとんど空襲の被害を受けることもなく、昔のままの街並みやそこで暮らす人と人とのつながりの多くを残したまま、その津波に立ち向かうことができた。京都の街並みだって随分変わったけれど、それでも記憶は残されている。


文化財の焼失を危惧した日本通のアメリカの学者の提言で、京都は大規模な空襲を免れたという敗戦直後から長く信じられていた説がある。

近年の調査で、どうやらそれは誤解であったらしいことがわかっている。米軍が京都への空襲を極力避けた本当の理由は冷徹で、それは長崎や広島を空襲しなかったのと同じ理由だった。

つまり、京都は原爆投下の有力な候補地だった。そのことは米国国立公文書館で発見された太平洋戦争中の米軍資料でも検証されている。

周囲を山に囲まれた人口百万の大都市は、原爆の効果（こちらにとっては被害だが）を検証するのに理想的だと彼らは考えた。その効果を正確に検証するために、原爆投下候補地としてリストアップされた諸都市には大規模空襲をしなかった。だから京都は本格的な空襲を免れていた。京都の古い文化を惜しんでのことではない。

それでも米軍が最終的に京都を候補地から外したのは、戦後の日本統治を考慮してのことだと言われている。天皇家と関係の深い京都に原爆を落としたりすれば、日本人はアメリカに激しく反発し統治に支障を来すおそれがあると判断したのだ。

その判断は結果として正しかった。

京都が（他の地域に比べればだが）大規模な空襲を受けなかった理由についての誤解が広まって、アメリカに対する印象を改善するのに役立ったのは事実だろう。

「アメリカさんもよう知ってはるわ」というあれだ。

京都の人だけでなく、日本中の人がその話を信じた。敵国だったアメリカにも、京都という町の重要性を理解する人はいたという物語はいかにも日本人好みではある。

日本人にとって、京都という町は特別な存在なのだ。けれどそれはそこに古い町並みや由緒ある神社仏閣や史跡が残されている、というだけの理由ではない。

京都を訪れるたびに感じるあのなんともいえない懐かしさは、実は私たちの心の奥底にひっそりとしまわれている、忘れてしまった遠い過去の記憶なのではないか。

私たちは自分たちの町が遠い昔に失ってしまったもの、もしかしたらそうであったかもしれない自分たちの町の幻影を、京都の人々の暮らしの中に見ている。

昔に比べれば京都も随分変わってしまったという人が多いけれど、よその土地から訪ねると、いたるところで遠い昔から続く暮らしの欠片《かけら》に出会う。

あの戦争で京都が焼き尽くされなくて、ほんとうに良かったと心の底から思う。

それは多くの日本人が共有する感覚でもあるはずだ。

もしそんなことがあったとしたら、この日本という国の姿は永遠に変わってしまっていただろうから。

あの煙臭い京番茶だってどうなっていたかわからないわけだし。

第二章
なぜ京都の味は淡いのか？

手に汗を握る「駅弁」

帰りの京都は、子どもの頃の日曜日の夕方に似ている。

なんだかもの悲しい。

楽しい休日はもう終わり、明日は学校に行かなきゃいけない。

京都に来るときの新幹線はあんなに浮き浮きとした気分だったのに、帰りの新幹線はなんだか空気までが淀《よど》んでいる気がする。

ハレとケという概念がある。

ハレは晴れの日のハレ、非日常を意味する。ケはその反対の日常。日本に古くからある時間の概念だ。時間にはハレの時間と、ケの時間の二種類があった。

ハレの時間とケの時間では、服装も食事もきちんと区別した。ハレの日には折り目正しい服装をして、食事に使う器も特別なものを使った。

そういえば、京都ではおいしいものばかり食べている。

おいしいものがあっちにもこっちにもあるのだから仕方がない。

だけど、それで良かったのだ。

私にとって京都は非日常で、だからハレの料理を食べる。

「家に着くまでが遠足だ」とよく言うけれど、そう考えれば、帰りの新幹線はまだケじゃなくてハレの時間じゃないかと気がついた。

民俗学者の柳田國男は、明治の近代化によって日本人はこのハレとケの時間の区別を曖《あい》昧《まい》にするようになったと指摘している。ハレの日の料理、たとえば赤飯とか餅をケの日常の時間にも食べるようになったというのだ。

帰りの新幹線がどんよりしているのは、そのせいなんじゃなかろうか。

つまりまだハレの時間帯なのに、なんだかいつもと同じ代わり映えのしない駅弁をぼそぼそ食べているからいけないのだ。帰りの新幹線の切符を買うときになって、（バカみたいだけど）ようやく自分は東京に帰るのだということを思い出し、殊勝にも節約をしようなんて考えるからこういうことになる。

そう気がついて、帰りの新幹線こそ奮発することにした。

まだ、ハレの時間だもの。

いや……、まあ、それは言い訳だ。

ほんとうのことを言えば、京都駅の新幹線乗り場二階の高級そうな弁当屋さんのショーケースでその弁当を見つけてしまったのだ。

こう書いてあった。

『辻留《つじとめ》弁当』5400円。

一分くらいは見つめていたと思う。手に汗を握っていた。

昨日の夜もかなり飲んで食べたのに。まだ、土産も買っていないのに、美しい妻といたいけな娘たちへの……（あ、それはもういいですね）。

なぜ弁当だと5400円が、目も眩《くら》むような値段に見えるのだろう。

調子に乗ってさんざん飲んで「はい6000円です」と言われたときは、「えっ？　安いなあ？」なんて言っているくせに。

駅弁だからだ。いや、それを駅弁と呼ぶのはなんだか違う気がする。こういうものは折詰と呼ぶのが正しい。それにしても、駅で売ってる折詰弁当が5400円。それはちょっと高過ぎなんじゃないか……。

けれど手に汗を握りながらも、心は決まっていた。

なぜなら、それが『辻留』の弁当だったからだ。

「おたま」を持つ手を動かしてはいけない

子どもの頃、大好きな「おじいさん」がいた。

その人は、テレビの中の人だった。

私はまだ小学生だった。

そもそも子どもがなぜそんな料理番組を見るようになったのか。特に料理に興味があったわけでもないし、子どもにとって何か面白い見物があったわけでもない。大人の目にも、地味な内容だったと思う。

それはＮＨＫの『きょうの料理』で、私が好きだった「おじいさん」というのは『辻留』の辻嘉一《つじかいち》。私が見ていたその当時、彼は六十代後半だったはずだ。

坊主頭のその人は、筒袖を着てまな板の前に立ち料理を作りながら、少し嗄《しわが》れた京都訛《なま》りの渋い声で解説をしていた。

懐石の人だから、ハンバーグだのグラタンだのはもちろん登場しない。作る料理もその人の容貌に似て地味だった。いや、子どもの目にはそう映った。

それなのにチャンネルをカチャカチャ回して、画面にその人が映るといつもそこで手が止まった。

包丁で蕪《かぶ》を切り、鍋で青菜を炊き、昆布と鰹節で出汁《だし》を引く――。

していることはいつもあまり変わらないのだけれど、目が離せなかった。

爪が短く切られていて、指が綺麗だったのを憶えている。

その手がくるくると動いて、布巾でまな板を拭いたり、鍋の火を弱めたり、すり鉢で豆腐をすったり、小皿に汁をすくって味見をするのを見ているうちに、やがて皿の上に料理が盛りつけられる。

今にして思えば、手際の良さに見惚《みと》れていたのだと思う。

その人の動きには迷いがなかった。

何をするにしても、どう動くにしても、「それはこうするのだよ」と教えられているような気がした。いや、小学生の私がそう思ったわけではないけれど、その人を見ていると自分の背筋までが伸びる気がして、なんだか気持ちが良かった。

どんなことを話していたかはほとんど忘れたが、ひとつだけはっきり憶えていることがあって、それは味噌汁のよそい方だ。

まず右手のおたまで鍋から味噌汁をすくい、左手に持つお椀の上に移動させ、おたまをかえして汁をそそぐ。

「こうしたらあきまへん。汁がこぼれます」

おたまを動かしてはいけないとその人は言うのだ。

次は少しだけ違うやり方をした。

右手のおたまで鍋から味噌汁をすくって鍋の上で止め、左手を動かしておたまの下にお椀を入れる。

「こうしたらええんです。汁がぼたぼたこぼれることもない」

おたまの底が椀の中に入っているので、そこで手をかえすと汁はそのままするりとお椀に落ちる。

おたまを動かすのではなくお椀を動かしなさいという単純なことを、その人は番組の中で何度も繰り返した。汁物をお椀によそうときはいつも言っていた気がする。

それと料理とどういう関係があるのかと子どもながらに思いもした。料理人の親玉みたいな顔をしているくせに、どうして汁がぽたぽたこぼれるとか、ちっちゃなところにこだわるのだろう。けれど、逆にそういうみみっちいところに妙にこだわるところに……なんといえばいいか、人としての凄《すご》みのようなものを感じてもいた。

その印象が妙に強くて、何十年も脳裏に焼き付いている。

それが職人というものを意識した最初で、私は漠然と京都に憧れるようになった。ああいう人になりたいと思ったわけではなくて、あの人の迷いのない動きとか、自分の仕事に対する絶対の自信とか、自分のしていることを何もかも理解しているという様子に憧れた。そういう大人を見たことがなかった。

私はこまっしゃくれた子どもで、いつも心のどこかで大人を舐《な》めていたのだけれど、絶対に自分が太刀打ちできない大人がそこにいた。

京都にはああいう人がたくさんいるのだろうと思った。ただの子どもの空想だが、よく考えてみれば、それほど的外れではなかった。

『辻留』という店の名を知ったのは大人になってからだ。

調べてみると、店は京都にあるが客の入れる店ではない。出張料理のみだから、普通には食べられない。

裏千家の御用を務める家だった。

この現代にそういう店が存在するというところにも妙に心惹かれた。京都の町の暗黒を覗《のぞ》くような気がした。……いや、懐の深さを覗く思いがした。

ただ、辻嘉一は一九五〇年代から東京に店を出している。こちらは出張料理ではなく普通に客の入れる店らしい。

もっとも二十代の普通の若者が気軽に入れるような店ではない。

なにしろ、懐石傳書『椀盛』の巻に辻嘉一はこう書いている。

「はじめてのお客様のご注文を受けますと、なにはさておいても紳士録をひらいて、お生まれになったお国をしらべます」

それは紳士録に載らないような人は客ではないということなのか……。

もし今そんなことをツイッターで呟こうものなら炎上必至だ。けれど当時はインターネットなど影も形もなかったし、辻嘉一もごく当たり前のこととして書いていた。私は無邪気な二十歳の若者で、そういうことにすら感銘を受けた。

それに「紳士録をひらく」のは、彼の料理に対する尋常ならざる周到さの現れでもあった。彼は一椀の清《す》まし汁の塩加減を決めるのに、食事をする時間帯、温度や湿度、客の年齢や趣味など、あらゆることを考慮に入れていた。

出身地が北国か南国かでも、塩加減を微妙に変えたという。そのための紳士録だ。

それにしても、それはほんとうに微妙な違いだ。指先でつまむ塩の何粒かの違いくらいのものだろう。彼が作った清まし汁の塩分濃度を測ったら塩を強めにしたのも弱く加減したのもすべて0・9パーセント前後という人間の体液の濃度内に収まっていたという話がある。気候や客の出身地で塩加減を変えるといっても、その範囲のことなのだ。もちろん彼はその0・9点いくつかのパーセントを、自分の舌と直感だけで決めていた。

思い切り背伸び……というより爪先立ちをして『辻留』の料理を食べたのは二十代の終わりだった。残念なことに辻嘉一さんはすでに他界して息子さんの代になっていたのだけれど、あの人が手をきびきび動かして作っていた料理が、どういうものだったのかを知りたかったのだ。

おいしかった。とてもおいしかった。

おいしいという言葉の意味が、私の中で変わってしまうほどに。

小芋の味のする小芋

……とまあ、そういうけっこう長い私的歴史があって、その日の帰りの新幹線の背面テーブルに『辻留』の弁当が載ることになったのだった。

蓋を開けて、思わず笑いそうになった。昔ぽかんと口を開けて見ていた、あの人の顔が浮かんだからだ。あの人の手が作ったら、なるほどこうなるんだろうなあと思った。

とにかく、詰まっているのだ。

深さ一寸の折詰に、隙間なくぎっしり料理が詰め込まれている。

残念ながらその初体験の『辻留弁当』の詳細は残っていないので、二〇一七年七月の弁当の内容を並べてみよう。

魳《かます》木の芽寿司、出汁巻き卵、鱸《すずき》幽庵焼、叩き木の芽、木耳《きくらげ》真蒸《しんじょう》、三度豆胡麻浸し、車海老串、オクラ串、蒟蒻《こんにゃく》串、湯葉旨煮おろし柚子、穴子旨煮、枝豆塩茹で、海老飛竜頭《ひりょうず》旨煮、尼子《あまご》南蛮漬け、小茄子田楽、がり生姜。

仕切りもほとんど使わず、弁当が少しくらい揺れてもびくともしないようにきっちり詰めてある。だから一見して華やかな弁当ではない。

そもそも折詰の深さを目一杯に使って折り重ねるように詰めてあるので、全部の料理が一目で見渡せない。穴子の旨煮を食べると小茄子の田楽が顔を出し、尼子の南蛮漬けの下には蒟蒻とオクラの串が隠れているという具合なのだ。見た目より、食べる人の箸の運びを考えた弁当と言えばいいか、食べる楽しさがある。

そしてその味は、まさに『辻留』の味だった。店で食べる懐石料理と同じ味という意味ではない。ひとつひとつの料理は、懐石と比較すればということだけれど、味がしっかりついている。ある程度時間が経っても（賞味期限はその日の夜の八時だ）味が変わらないようにという配慮だろう。

そういう違いはもちろんある。同じなのは、その料理を作る技だ。それぞれ弁当として食べやすい大きさにあつらえた料理のひとつひとつが、春先の筍も夏の鱧《はも》も、枝豆も小茄子も出汁巻き卵も、なんと表現すればいいか、とにかく揺るぎのない味がする。

小芋は小芋の味がして、海老は海老の味がして、オクラはオクラの味がする。そんなこと当たり前だと思うかもしれないけれど、それは実はかなり難しいことなのだということを、その小芋の味のする小芋を食べながらつくづく考えた。辻嘉一のあの迷いのない手の動きと、「これはこう炊くんでっせ」とか「これはこう揚げなあきません」という声が聞こえる気がした。

とりたてて珍しい食材や、高級な食材を使っているわけではない。見た目も地味だ。けれど、その季節の良い食材を、丁寧に料理して、弁当にしたらこうなりますという弁当なのだ。その料理にしたって、彼ならきっと「特別なことは何もしてません。当たり前のことを当たり前にしているだけです」と言うに違いない。

それなら、世の中にはこういう弁当がもっと他にたくさんあってもいいはずなのに、そんなものにはめったに出会さない。これはどういうことなのか。やはりそこには料理の極意のようなものがあるということなのか……。

頭の隅でそんなことを考えつつ、目は将棋崩しをする子どものように、ぎっしり詰まった折詰のどこに箸をつけるか真剣に悩みながら、一口頬張っては唸《うな》り、ゆっくりと嚙《か》みしめてはほくそ笑み、じわっと染み出す出汁の旨味にため息をつく。

こんな至福を新幹線で味わえるのだ。

それからは帰りの新幹線がもの悲しいなんて思うことはなくなった。

もしもあなたが私と同じように京都の帰り路に悲しい気分に襲われるタイプなら、一度は試してみることをお勧めしたいが、新幹線構内の売店では売り切れになっていることがよくある。京都駅に隣接したＪＲ京都伊勢丹地下に京都の名店の弁当をあつかう売場があって、そこなら比較的手に入れやすい。確実に手に入れるには、前日までに売場に予約を入れるといい。

それから『辻留』の話ばかりになってしまったけれど、それはあくまでも私の個人的な記憶と思い入れのせいだ。『辻留』の弁当が日本一で、誰が食べてもどこの弁当よりも旨いと書いたつもりはないのだけれど、もしそういう印象を与えてしまったとすれば、それは私の文章の拙さによるということをお断りしておきたい。

この伊勢丹の売場には『菱岩』や『紫野和久傳』をはじめ、それぞれに工夫と趣向を凝らした個性豊かな弁当を二十種類以上も揃えている。

クオリティの高さは甲乙つけがたい。できれば私の言葉に惑わされずに、自分の好みで選んでいただきたい。

どの店のどの弁当にするか、いろいろ悩むのも京都の旅の愉しみのひとつではある。

おいしい料理を作ろうとしてはいけない

「魯山人《ろさんじん》がおっしゃってたことだそうですけど。料理人の料理はいちばんまずいと。なぜかというと、手を加えようとするから。ここに芋があったら、やわらかく食べ良いように茹でて、お出汁とお醤油で炊いたらそれでもうおいしいんです。芋をおいしくするにはどうするかと考えたら、それがいちばんいい。それがなかなかできない」

平晴彦さんはそう言う。

平さんは現在の京都『辻留』のご主人だ。五十年前、当時の『辻留』銀座店に入店、辻嘉一を師として修行を積み、その後京都『辻留』を任されて現在にいたる。京都『辻留』ですでに四十年以上包丁を握っている。

「それは料理人の宿命なんでしょうね。なんかおいしいものを作りたいと思う。その第一歩がもう間違ってる」

平さんの話は、どこか禅問答のようでもある。

「盛りつけもそうです。どうしても美しく盛りつけようとするでしょう。それが間違いなんです。そのものが自然に持ってる姿が、いちばんおいしそうに見える。それならそのまま置いてあげたらいい。だけど、これがなかなかできない」

目の前の食材をちゃんと見ていないからだと平さんは言う。

あのきっちり詰まった、一見地味な弁当を思い出した。

おいしいものを作ろうとしたり、美しく盛りつけようとするのは、料理人の欲だ。その欲のせいで目が曇ってしまう。

目の曇りを晴らすには、自分を消して、目の前の食材をよく見ることだ。目を閉じて雑念を払い、匂いを嗅ぎ、味を見る。ただ、それだけでいい。

「だからほんとはそんなに難しいことではないんです。誰にでもできる。目の前の蕪をよく見れば、こうすればおいしくなるでって、自分から教えてくれるんです」

それは、ひとつとして同じ蕪はないということでもある。

もし、すべての蕪が工業製品のように同じ味なら、目の前の蕪をよく見る必要などないからだ。レシピの分量通りに作れば、いつもおいしい蕪料理ができ上がる。

今の私たちは基本的にそう考える。だから料理本やクックパッドを参考に料理を作る。それで十分においしい料理は作れるし、時には、素晴らしくおいしい料理だってできないわけではない。

ところがそういう方法では辿り着けない世界があって、それがつまりプロの料理人が日々取り組んでいることであり、あの弁当がほんとうにおいしい理由なのだった。

京都で淡い味が好まれる理由

辻嘉一の『きょうの料理』で、もうひとつ憶えていることがある。料理に使う調味料の分量を、彼はけっして言わなかった。番組スタッフも困ったに違いない。レシピで調味料の分量を明記するのはＮＨＫの料理番組のほとんど絶対的な方針だった。

けれど辻嘉一は頑固に自分の方針を貫いた。

調味料の最適な分量は、食材の状態によっても違う。食べる人のその日の体調によっても、おいしいと感じる分量は変わる。

味は自分の舌で味わい、自分の感覚で加減するものだと彼は繰り返し言っていた。プロの料理に限らず、昔は家庭の料理もみんなそうだったと。

何を何ccとか小さじ何杯というように数字を教えてしまうと、作る人はその数字に頼って自分の舌で味を考えることをやめてしまう。彼が料理番組の講師を務めるようになった昭和三十年代は料理番組や料理本が流行り、この傾向が世の中に急速に広まった時代でもある。そういう時代を彼は憂えたのだった。

『辻留』では何十年目のベテランでも、出汁を引いたらみんなで味を見るのだと平さんが教えてくれた。その出汁で平さんが椀盛の加減をし味を整えるのだそうだ。

昆布と鰹節で一番出汁を引くとき、彼らは昆布の匂いや鰹節の雑味が汁の中に滲《にじ》み出ないように細心の注意を払う。昆布は湯が沸騰する直前に引き上げること、出汁を漉《こ》すのは重力にまかせ鰹節を絶対に絞らないこと。

家庭で出汁を引くときは、とてもそこまではやらない。鰹節に染みた出汁がもったいない気がして、ぎゅうぎゅうと絞ったりもする。それで味噌汁や煮物がまずくなったことはない。正直、ちょっと神経質過ぎないかと思うこともあった。

けれど何十年も出汁を引いてきた料理人が、細心の注意を払って引いた出汁、毎朝同じ水同じ昆布と鰹節を使っても同じ出汁にはならないと平さんは言う。

それはほんとうに微妙な違いなのだろう。

ひとつひとつの蕪が違うというのも同じ話で、違いは些細《ささい》なはずだ。

その微妙で些細な違いにどこまでもこだわるのが京都の料理で、だから京都の料理は薄味とされている。

それが最もわかりやすいのは清まし汁だ。

懐石の清まし汁は淡い。

東京の『辻留』で爪先立ちをしながら、それを初めて口にしたとき、一瞬お湯じゃないかと思ったことを思い出す。

ただ、遠くに微かな味があった。

それが何かを確かめたくて二口三口と椀を傾けるうちに、お湯と錯覚した液体の中にいくつかの旨味や香りが溶け込んでいることに気づいた。やがて夜が明けてものが見え始めるように、味や香りの細部が見え始める。

椀種は鱧だった。華やかな香りや強い旨味があるわけではないが、鱧の淡い独特の香りや甘さ、ほのかな土臭さまで含めてしみじみおいしいと感じた。

不思議な感覚だった。自分の知っているはずの鱧の味と香りなのに、まるで生まれて初めて食べた気がした。

逃げれば追いかけるのは人の性だ。その微かな味を追いかけて、自然に舌の感覚に集中していたのだろう。

淡い味が味覚を研ぎ澄ませる。

薄味なのは味覚を研ぎ澄ませるためで、だから料理人は昆布や鰹節の僅《わず》かな雑味も嫌うのだ。清まし汁を口にしてそれがよくわかった。

その鋭敏な味覚で味わうから、ものの味や香りを鮮明に感じる。

それが懐石の「おいしい」だ。

辻嘉一は「淡味な中にある真の味わい」と言っているけれど、淡味だからこそ鱧という素材の香りや味の細かなニュアンスまでが感じられて、そういう経験そのものが「おいしい」のだった。

一口目はものたりないくらいの味にする。椀を口から離したくなくなって、そして最後のひとすすりを吸い終えてようやく心からおいしいと感じる。

それが清まし汁の理想だと、辻嘉一が書いていたことを今頃になって私は知った。この原稿を書いていてちょっと不安になって、前述の懐石傳書『椀盛』の巻を熟読したのだ。

つまり私は完全に彼の術中にはまっていたわけだ。

けれど清まし汁の淡い味が私の味覚を覚醒させたのは紛れもない事実で、しかもそれが京都の淡い味の本質だという確信は動かない。

世界中を探せば、他にもそういう「おいしい」は見つかるだろうか。つまり淡い味で味覚を研ぎ澄ませることで、料理のおいしさをより鮮明に感じさせるというような。たとえばフランス料理で肉料理の前に出されるソルベは、味覚を一度フラットに戻してくれる。似てはいるけれど、やはり何か本質的な部分が違う。それは京都で生まれた他に類例のないユニークな「おいしさ」だと思う。

淡い味を楽しむのは、味覚が研ぎ澄まされることそのものを楽しむことでもある。

春先の筍、夏の鱧、秋の松茸、冬の千枚漬け……。

京都の季節の味覚はどれも淡い。

京都の名物とされる豆腐や生麩もしかりだ。

無味といえば味がなくておいしくないという意味だけれど、京都的なおいしさはその無味と紙一重のところにあることが多い。極端なことを言えば、おいしいのかおいしくないのかわからないものを京都の人は好んで食べたりもする。それが何かは言わないが。

水琴窟《すいきんくつ》の水音や鹿威《ししおど》しの音が静けさを引き立てるように、無味と紙一重の淡い味がものを味わうということをあざやかに実感させる。


淡い味が好みなのではなくて、「真の味」が好まれるということなのだと思う。

自然の「真の味」は淡いのだ。

京都の料理の源流ともいうべき、平安京の貴族の料理は唐の宮中料理の模倣から始まったと言われている。

この時代の日本の上層階級は、とにかく唐の文化にかぶれていた。湿地帯だらけの盆地に、長安を三分の一サイズに縮小コピーした大がかりな都まで作ってしまったことを考えても、どれだけかぶれていたかがわかるというものだ。

当然のことながら料理も真似た。この時代の酒宴では台盤という大テーブルを、椅子に腰をかけた客が囲んだ。中国の食事作法を真似たのだ。そしてそのテーブルに並べた料理は魚や肉、野菜などの料理を盛った大皿と、さまざまな味の醬という調味料に、塩や酢を入れた小皿で構成されていた。

刺身に醬油をつけて食べるように、魚や肉や野菜に、醬や塩をつけて食べるというスタイルの料理だった。魚や肉は焼いたり茹でたりしただけのシンプルなものがほとんどだったらしい。形式は中国を真似ても、食材そのものの自然な味が大切にされたのだ。

醬は日本語ではひしおと読む。これも中国由来の調味料で、穀物や草、魚や肉を塩漬けにして発酵させたものだ。発酵させる材料によって、それぞれ穀醬《こくびしお》、草醬《くさびしお》、魚醬《うおびしお》、肉醬《ししびしお》と呼ばれていた。穀醬は大豆などの穀物から作る醬で、現在の我々が使っている味噌や醬油のルーツだ。魚醬は魚などの海産物の塩漬けから作る。タイのナンプラーやベトナムのニョクマムなどの類《たぐ》いだ。今の日本にも秋田のしょっつるや能登のいしる、香川のいかなごしょうゆなどの魚醬がある。平安時代の魚醬の名残かもしれない。肉醬は近頃では珍しいが、当時はミゲと呼ばれる鹿や牛の胃、野鳥の鶫《つぐみ》を発酵させた肉醬が作られていた。

冷蔵庫の存在していないこの時代、さまざまな食材が保存のために塩漬けにされた。塩分と旨味が溶け出したその上澄み液を調味料に使っていたわけだ。だから平安時代には何種類もの醬があったのだが、やがてそれは大豆と麴から作った穀醬、すなわち醬油に収斂《しゅうれん》していく。地方に残る魚醬を別にすれば、現代日本の醬は醬油と味噌だけといってもいい。

この醬の例のように、何かの進歩が多様化ではなく単純化へと向かうのは日本の文化の特徴といっていいだろう。ミシュランが東京に進出したとき、一種類の料理に特化した専門料理店がおびただしくあることに驚いたという話がある。鮨、蕎麦、天ぷら、焼き鳥、トンカツ、ラーメン。日本で暮らしていれば、そういう「専門店」で食事をするのは普通のことだけれど、欧米の人には物珍しい光景だったらしい。

日本人にはひとつの料理に取り組む専門家を信頼する強い傾向がある。それも進歩が単純化へと向かうという日本の特殊な文化的背景があるからだ。同じ蕎麦屋でも、さまざまな種類の蕎麦を出す店よりも、たとえばざる蕎麦だけで勝負しているような店の方がなんとなく一目置かれるのも同じ理由だろう。ざる蕎麦なんてどれも同じだろうということにはならない。産地による蕎麦粉の味や香りの違い、蕎麦粉の挽き方や打ち方、あるいは切り方による微妙な違いを味わい分けることに喜びを感じるからだ。その差違を見極めるには、つけ汁さえも邪魔だから塩で蕎麦を食べるなどということまでする。同じ理由で、鮨もトンカツも塩だけで食べたりするし、言い方は難しいけれど、そういう食べ方の方が食通だと見なすような傾向さえある。

こういう食事の「楽しみ」方は、どこかあの懐石の清まし汁に通じるものがある。

そういうことまでが京都で発達したものだとは言わないけれど、やはりその根底には食材の「真味」、つまり自然を味わうことこそが食事の醍醐味だという「京都的」な嗜好《しこう》があるように思える。

京都で発達した淡い料理が、日本人の食の嗜好に少なからぬ影響をおよぼしている。もしも平安京の人々が、食事の形式だけでなく後に中華料理を生み出すことになる唐の人々の食の嗜好そのものまで受け継いでいたら、日本人にとっての美食観ははたして今のままだったのだろうか。

……もっとも、それはそれこそ妄想に類することだ。

食の嗜好は、その国の自然条件と深く関係しているわけだから。

京都には豊かな水脈がある。

太古の昔、京都は巨大な湖だった。

近年の調査では、京都市の真下には琵琶湖の水量に匹敵するほど膨大な量の地下水が存在することが明らかになっている。盆地に降る雨、それから流れ込む幾筋もの川の水が長い歳月をかけて地下に染み込んで蓄えられたものだ。

だからかつての京都には、いたるところに名水の湧く井戸があった。茶の湯がここで発達したのも、豆腐が名物になったのも、伏見で名酒が醸されてきたのも、この豊かで良質な水があればこそだ。

水の味については、ある茶人が琵琶湖の中心部で汲《く》んだ水と岸近くで汲んだ水を一口飲んだだけで当てたという話とか、いろんな逸話が京都には残っている。

その話がほんとうかどうかはわからない。

けれど、昔の人が我々より繊細な味覚や嗅覚を持っていたであろうことは想像に難くない。その味覚でどんな美味を経験していたか、それはとても興味深いことではある。

ただ、その美味はかなり淡い味だったに違いない。

それはこの町の料理が、水の味を基礎として成立しているからでもある。

もし良質な水がなかったら、懐石料理も今と違った形になっていたかもしれない。おいしい水があったから、鰹節と昆布の純粋な旨味だけを抽出したあの出汁が生まれた。淡い味の中に真味があるのは、京都が水の都だったからだ。

坪庭という自然

少しだけ話が戻る。

ほんとうのことを言えば、懐石料理だって「何かをつけ加えて」はいる。食材をそのまま皿に載せれば、真味が味わえるという話ではもちろんない。丁寧に骨切りされた一切れの鱧の味と香りを隅々まで満喫できたのも、清まし汁の全体を支える出汁の旨味や脇に添えられたくだゴボウやちしゃの存在があったからだ。鱧の骨切りの技術はいうにおよばず、出汁の引き方から、火の通し具合、塩加減、さらには器の選び方や盛りつけ方にいたるまで、高度な懐石の技術が一椀の鱧の清まし汁を成立させている。

にもかかわらず、虚心坦懐に食材に向き合って、その持ち味を完全に引き出せば、おいしくしようなんて余計なことは考えなくても料理は自ずからおいしくなる。料理の主役は食材であって料理人ではない。ほんとうのおいしさは、食材そのものの中にある。そう彼らは言う。

それは、自然との長いつきあいから生まれた知恵だろう。

京都は豊かな自然に囲まれている。郊外の宅地化が進んだここ数十年はともかく、それ以前の京都はそうだった。

こんなに自然の近くにいるのに、自然に対する愛着がはなはだしい。町を一歩出ればそこには森があり山があるというのに、坪庭を作り家屋の内部も自然で満たそうとする。床の間に花を生け、玄関を野の草で飾る。

それでも足りずに、衣服を季節の色で染め、襖《ふすま》にも自然の景色を描き、歌にまで自然を詠む。

この町の文化は、自然との親密な関わり合いを抜きにしては考えられない。

京都という町は、自然に深く根を張っている。

すべての新しいものは、その自然から生まれると知っているのだ。

京都の文化のインスピレーションの源は自然にある。

それはとても幸せなことだと思う。

私はこの原稿を東京の高尾山の麓《ふもと》で書いている。

山も森も林もあれば川もある。その環境は大好きだし、ずっとここに住み続けたいと思ってもいる。けれど、こんなことは書きたくないけれど、私の住んでいる町は、京都のようには自然とつきあっていない。この町の文化に、せっかくの美しい自然が、京都がそうであるように染み込んでいるとはどうしても思えないのだ。

だから、それは単に自然に囲まれているかどうかの問題ではない。

自然とどうつきあうか、それを暮らしにどう取り込むかの問題なのだ。

そのことにかけて、この日本に京都ほど巧みな町は存在しない。

料理人なんていらない

「白いご飯は、初めて日本に来た外国人には食べにくいといいます。味がしないから。でも日本人は、あの白米に旨味と甘みを感じる。日本人の味覚は、白いご飯で磨かれたんじゃないでしょうか」

そう語る中東久雄さんの店は、銀閣寺門前を流れる疎水沿いにある。

店名は『草餐なかひがし』。

開業して二十年になるが、私は数えるほどしか中東さんの料理を食べたことがない。予約を取るのがとても難しいからだ。京都でいちばん難しいと言う人もいる。

「こういうことになるとは思いもしませんでした。ちょうどバブルが弾けた時期でしたから。失敗するからやめときって、何人にも言われました。お客さんが入らなかったらあの竈《かまど》で炊いたご飯を握って店の表で売ろうって、私も思ってました」

まんざら冗談でもない顔でそう言って、厨房《ちゅうぼう》に鎮座する竈の土鍋に目をやった。

その土鍋が、この店のそもそもの始まりで、中東さんの料理がめったに食べられない理由でもある。

「知り合いがご飯をおいしく炊く土鍋を作ったからって、ご飯を炊いて食べさせてくれたんです。竈じゃなく、普通のガスコンロで炊いたんですが。このご飯がすごくおいしかった。いや、おいしいご飯やなあと」

独立して自分の料理店を持ちたいと考えていた時期だけに、そのおいしいご飯は衝撃的だった。

「料理人のはしくれとして、みなさんに料理食べていただいていましたけど、そのとき思ったんです。こんな三度三度食べて飽きないのはご飯しかないと。それは味がついてないから。おいしいご飯と漬け物と味噌汁あったら、料理人なんてなんもいらんなと思いました。作ったもんなんて何もいらんなとね」

そうと気づいて、この店が生まれた。ご飯を炊くおくどさん（竈）と炭を入れた炉を並べて厨房の真ん中に据えた店の形は、そのときに頭に浮かんだと言う。

メインディッシュは、炊きたてのご飯と目刺しに決めた。

勇気がありますねと言ったら、中東さんはちょっと嬉しそうな顔をした。

「たかが目刺し、されど目刺しですよ。苦味も甘みも、旨味も、日本の味のすべてが含まれてる。あの苦味とご飯の甘みがまた……」

葱を食べるためにヒヨコを飼う

中東さんの料理は椀盛などを別にすれば出汁をほとんど使わない。

これは、かなり画期的なことだ。

日本の料理は出汁に支えられている。料理店は言うにおよばず、家庭料理でも出汁は頻繁に使う。味噌汁もうどんも煮物も鍋料理も出汁を使うのが基本だ。どんな出汁を使うかはともかくとして。

まして京都は、その日本の出汁文化の聖地みたいな土地だ。

さっきも書いたけれど、昆布と鰹の旨味を抽出した出汁があってはじめて、鱧も松茸も蕪も筍も冬瓜《とうがん》も……その真味を私たちに味わわせてくれる。

出汁は京都の料理の命といってもいい。

その出汁をほとんど使わなくなった、と中東さんは言うのだ。

「昔はそれでも使ってたんですよ。兄を手伝っていた頃は。本を見たりしながら、やっぱり昆布はあれがいいとか、鰹節はこうしようとかね。兄も私も別に料理の師匠はいないんです。料理を教わったのは母親で。母は山から野草を摘んできたり、畑で野菜を作ったりしながら、旅籠《はたご》のようなことをしてましたから」

中東さんの実家は、花脊《はなせ》の『美山荘』だ。鞍馬《くらま》から鯖《さば》街道をさらに北へ山々を分け入った先にある花脊は、現在の行政区分では京都市内だが気候は北陸に近い。積雪が多く冬景色はまるで雪国だ。この深山の地に峰定寺《ぶじょうじ》という修験道系の山岳寺があって、中東家は代々参詣者のための宿坊を営んでいた。

兄の吉次さんの代に、京都の奥山の料理旅館として有名になる。中東さんの料理人としての人生は、そのお兄さんの手伝いから始まっている。

「料理の本を読むと、母のしてるのと違うことが書いてあるわけです。母は根菜を料理するのも下茹でなんてしませんから。それで母に『それは素人の料理や。料理屋の料理は湯がいて面取りして、ちゃんと出汁を利かせて炊くもんや』なんて、偉そうに言ってたくらいです」

その考えを改めるようになったのは、お兄さんを手伝っていた中東さんが、そろそろ独立をと考えていた矢先のこと。あの土鍋に出会った時期だ。

「こちらに店を出そうと決めまして。ところが、こっちで普通にスーパーとかで売っている野菜があんまりおいしく思えないんです。命を感じないといいますか。形だけは綺麗ですがね。こんなにも違うものかと困っていたら、大原のおばあちゃんたちが作った野菜を売りに来る朝市があると教えてくれた人がいて。これがすごい力のある野菜でね。これやこれやと」

それから大原に通うようになった。大原は比叡山の北西の麓、西行《さいぎょう》や鴨長明《かものちょうめい》の隠棲《いんせい》の地としても知られる。中東さんの料理になくてはならない土地だ。

「流通している野菜は売るために作ってるわけですよね。そのおばあちゃんたちが作ってる野菜は、売るためじゃないわけですよ。孫や息子のために作ってる。だから思いがまず違う。その思いが野菜に息づいてるんです」

畑に行くようになって、そういう「おばあちゃん」の作る野菜の成長には差があることもわかるようになった。流通用に作られる野菜は、成長の速度も成長の具合も不自然なほど揃っている。

「おばあちゃんの作る野菜は、小さいのもあれば大きいのもある。間引いた野菜もある。そういうのを囓《かじ》ってみると、おいしいんです。葱《ねぎ》坊主ができたら、普通はその葱は食べませんよね。だけどこの葱坊主が旨いんです。大根も放っておくと、あの葉の間から花が咲いて種ができるんです。その種がね、またおいしいんです」

アラン・デュカスが店に来たときも、中東さんは大原に連れて行った。

「日本の野菜はまずいって思ってたけどって、デュカスさんは言うんです。だけどこの野菜はなんなんだ。どこで作ってるんだ。連れてってくれって。それで大原へ案内したんです。人参引っこ抜いて食べさしてあげようと思って、ちょっと洗いに行ったら、その間にデュカスさん自分で人参抜いて、手で泥を落として食べてるんですよ。この人、やっぱり料理人やったなあって嬉しくなりましてね。人参の葉っぱちぎって食べて、にこーっと笑ってるんですから」

デュカスはモナコの『ルイ・キャーンズ』のシェフとして、三三歳にして史上最年少でミシュランの三つ星を獲得したのを皮切りに、現在はパリ、ロンドン、東京、ニューヨークをはじめ世界中にさまざまなタイプのレストランやオーベルジュを二十軒あまり展開する。その中には三軒の三つ星レストランと二軒の二つ星レストラン（星をひとつ取るだけでも大変なのに星の数は合計十三個だ！）が含まれる、文字通りのフランス料理界の巨人だ。

世界中を飛び回りいくつものレストランをプロデュースするのに忙しい彼が、一本の泥つき人参を夢中で囓っている姿に、中東さんは自分のやっていることが間違いでないことを確信したということなのだろう。

「そんなことで、どんどん野菜にはまっていきまして。いや、野菜にいろんなことを教えてもらいました。春にしか草は伸びてきいひんと思てましたけど、冬の時期の土の中は春なんです。秋が深まる十月から十一月になると樹は水を吸い上げるのをやめるから、葉は紅葉して落ちていくわけです。でも葉が落ちたと同時に、また水を吸い始める。そうやって水を循環させないと、樹が凍結し細胞が壊れて死んでしまいますから。ツクシもその頃にはみんな土から出てるんです。ツクシにはガクがあるでしょう。硬くて食べられない邪魔くさいのが。あのガクに頭の胞子をしっかり包まれて、ツクシは土から顔を出してるんです。霜柱が立っていても、ツクシはそこで息をしてるわけです。毎年一月五日から、そのツクシを摘みます。そのときのツクシの頭を一粒食べたら、もうお濃茶飲んでるみたいですよ。あの甘苦いね。そういうものを食べると心が満たされます。食べたことないはずなのに、なんか食べたことがあるような、懐かしい感じがする。食べるって、本来はそういうことやったんやと思うんです。そういうものを食べるのに出汁はいらないんです。あの香りも苦味も甘味も、出汁を使ったら全部消えてしまう」

だから今では出汁をほぼ使わなくなったと中東さんは言う。意図して使わないのではなく、野菜や山野草と深くつきあううちに自然にそうなったのだ。

「昆布も鰹節も、長い時間と手間暇をかけて作るわけです。一枚の出汁昆布、一本の鰹節が完成するまでに二年も三年もかかる。それをね、北海道から昆布、鹿児島から鰹節を運んで一緒にすれば三十分で出汁ができる。フランス料理のフォンは、骨や肉を何日も炊くわけです。お客さんがその労力を見てくれんようになって、スープを出さなくなったでしょ。そう考えれば、日本の出汁はすごい叡知《えいち》やと思います。そやけど、そういう出汁の文化はそんなに昔のものじゃない」

カビを付けて乾燥させた、打ち合わせると金属音のするような現在の鰹節が完成したのは江戸時代のことだ。北海道で産する良質な出汁昆布が京都で手に入るようになったのも、松前と本州間を交易船が行き交うようになった鎌倉中期以降とされている。

日本の食文化の歴史を考えれば、出汁を使わない時代の方がはるかに長いのだ。そういう時代の方が、食材の持つ本来の味や香りにもっと敏感だったはずだ。

出汁は食材に旨味を補うものだ。けれど同時にそれは一種の枠組みとしての働きをして、料理を京都の料理という型にはめる。たとえば花瓶にある形式で草木を生けて、何々流の生け花とするように。

中東さんの料理には、その枠組みに囚われない自由がある。

彼は毎朝大原の畑や野山を歩き、野菜や山野草を食《は》んでは香りや味を味わい、自らの驚きや喜びを皿に載せる。その話を初めて聞いたとき、古代中国の王、神農が山野の草木を舐めて効能や毒性を確かめ人々に伝えたという物語を思い出した。

そうやって食材を集めるだけでなく、中東さんは自然の中で自らの感覚や感性を鋭敏に研ぎ澄ませ、新しい料理の着想を得ているのだと思う。

言うまでもないことだけれど、誰もが郊外の畑や野山に出かけ、そこに生えている草を摘み木の実を拾えば、『なかひがし』のような料理ができるわけではない。

けれど中東さんはそのことをあまり言わない。

「縄文時代は食べることが仕事やったと思うんです。山に入ったり野原に出かけて、これは食べられるやろかとか、これは苦くて食べられへんけど、こないしたら食べられるんやないやろかとか、そういうことを誰もがしていた。自然に寄りそって生きていた。それがいろんな仕事ができて、どんどん分業化して、元のことを忘れてしまった。工業製品のように野菜を栽培し鶏や牛や豚を育て、ベルトコンベアに流すみたいにして世の中に流通してるのは、あれは生き物じゃなくて札束です。でも生きたものを食べないと力にならんわけです。偉そうなことを言うと、私の仕事はそういうことを、食べることによって自然に寄りそって生きる生き方を、少しでも思い出してもらうことやろなと思います。おいしい料理ですねと言われるよりも、なんかカラダが喜んでいる気がすると言われる方がもっと嬉しいんです」

中東さんが培ってきた経験や蓄積してきた知識、それから何よりも自然に対する考え方や感受性があってはじめて、他の誰にもおそらくは真似のできない唯一無二の『なかひがし』の料理は成立している。

つまり中東さんの料理は、彼の個性そのものでもある。

そのことに彼があまり言及しないのは、謙遜ということもあるだろうけれど、彼が日常的に向かい合っている自然が豊かで驚きに満ちていて、そんなことを考えている暇はないのだろうと思う。

だから彼の料理はいつも新しくて、人々を感動させる。

それは二十年経っても少しも衰えない『ながひがし』の人気が証明している。

「十二月に入ると葱がおいしくなるんです。赤葱という葱なんですが、これの根っこがまた旨い。花が咲いたら、花もお出しします。全部食べられる。その葱をおいしく食べてもらうために、二月にヒヨコを飼い始めます。葱の食べ頃になったら、十ヶ月育てたニワトリを毎朝ぎゅぎゅっと絞めまして、毛を生で引いて。それを三時ぐらいから開いて、硬直をさしてから、すき焼きにします。葱をおいしく食べるためにニワトリを育てる。それは自分の中での世界であって、押しつけることはないですけど。

人間のために野菜は成長してるわけじゃありません。だけど人間は、そのある部分だけを食べて、他は捨てちゃう。これはもったいない。大根だってそうです。貝割れも間引き菜も、花も実も、みんな大根なんですよ。貝割れは、大根の双葉ですよね。被ってる土を表面に出すために、貝割れがあるんです。まず土を押しのけて貝割れが出て、その貝割れの間から花の芽が出る。この貝割れの葉が育つと、これがまたおいしいんですよ。肉厚でね。それを農家の人はみんな捨ててる。ちょっと待ってと。それを食べると。ただなんとなく食べるんじゃなくて。そうとわかって納得して食べると、これが五臓六腑に染み渡る。食べることによって、人は自然を理解するんだと思います」

自然を取り込むシステムとしての町

洗練を極めた出汁の文化が確立された京都において、中東さんの店はとてもユニークな存在ではある。

そういう個性的な店の存在が、京都の町の魅力になっているのだなあと思う。

そういう意味では、出汁を使わなくても、中東さんの料理はとても京都的でもある。そう言ったら、ご本人はどう感じるかはわからないけれど。

それだけでなく出汁に対する考え方は違っても、辻嘉一と中東さんの考え方は、深い部分で通じていると私は思っている。

ひとことで言えば、食材との向き合い方であり、自然の中にこそ人が追求すべき価値があるという直感だ。

その答えを自然から引き出すのは人の知恵や工夫だし、料理をする人がいてはじめてそれは人を喜ばせる料理になるわけだけれど、彼らはそれを言わない。

秘密にしているわけではない。

聞けばいくらでもその工夫や秘訣《ひけつ》を話してくれる。辻嘉一がお椀のよそい方にひどくこだわったのも、料理をする人が指の先の神経まで気を配り尽くすことが、食材という自然に正しく向き合う方法だと言いたかったのだと思う。けれど、そんなことは当たり前の誰にでもその気になればできることだと言わんばかりだ。

おそらくそこに彼らの、というのは京都の人々のということだけれど、古くから続いてきた自然とのつきあい方の秘密が隠されている。

人間の意匠など、どんなに斬新で優れていようと遅かれ早かれ古びてしまうのだ。けれど、自然はいつも新しい。朝は地球が自転を始めたその日から何千億回巡ってきたが古びたためしは一日もない。春も夏も秋も冬もそうだ。

そういう自然とともにある限り、人はいつも新しい命を生きることができる。

自然を解釈しそれを加工して利用するのは人だけれど、そこで人を前に出してしまったりすれば、その瞬間からそれは消耗され、年老い、古びる運命を辿ることになる。たとえその人が常に工夫を凝らし新しい意匠を生み出し続けても、その運命は変えられない。生《しよう》者必滅《じやひつめつ》会《え》者定離《しやじようり》。人は必ず歳をとり、人気はいつか離れていくからだ。

千二百年も続く京都の町がほんとうのところは少しも古くならないのも、この町が再生し続ける自然を巧妙にその中に取り入れ続けるシステムを構築したからだ。

春になれば筍を食べ、花見をし、夏が来れば祭りに浮かれ、鮎《あゆ》を待ち鱧を食べる。秋になれば松茸の到来を喜び、紅葉を眺め、冬には千枚漬けを嚙み、新年を言祝《ことほ》ぐ。

考えてみれば、毎年毎年そういうことを何十回も何百回も繰り返しているわけだ。

けれど誰もそれを古くさくてつまらないこととは思わない。

京都はいつも新しい。

だから人は何度でも京都に通う。

確かにそれは、たとえば東京の町が失ってしまったもの、古くからあるものに触れる旅でもあったりするわけだけれど、ほんとうにそれが古びただけのものであったら、何度も通ったりはしないだろう。

懐石は四百年も続く伝統料理ではあるけれど、私は古くさい料理だなどと感じたことはただの一度もない。それも懐石の本質が、旬の自然の料理だからだ。

これはひとつの思考実験だけれど、もしも懐石の工夫を前面に掲げて、たとえば利休式料理などと命名をしていたら、どうなっていただろうと思う。一九七〇年代のフランスのヌーベル・キュイジーヌを新しい料理と感じる人はもういない。その後のキュイジーヌ・モデルヌにしてもおそらくは同じことだ。

個人やその個人の創意を尊重し、大切にする西洋の方法を批判するつもりはない。西洋の文明も文化も、そのやり方で進歩してきたわけだ。何かが古くなるということは別の新しいものが生まれる余地を作るということでもあるわけで、古くなることは必ずしも悪いことではない。

ただ、京都の方法は町が生き続けるためのひとつの偉大な見本だと思う。

京都という町の枠組みは、平安京がこの地に築かれたときに作られた。時代を重ねる間にその枠組みに変更が加えられなかったわけではないけれど、東西と南北の路によって町が構成されるというその大きな枠は不変だ。

上ル下ル西入ル東入ルという住所表示で示される範囲以外、つまりその東西南北の碁盤の目に入る場所でなければほんとうの京都ではないという話がある。その感覚は京都に暮らす人ならではのもので、よそ者の私がどうこう言うべきことではない。

けれど、ひとつだけはっきりと見えるのは、その碁盤の目だけで京都が成立しているわけではないということだ。碁盤の目の内側では律儀に東西と南北の方位に従って真っ直ぐに走っていた路は、その範囲を超えると斜めになったり曲がったりくねったりするようになるけれど、それでも道は途切れずに外縁へと延びていく。

それは植物の導管や師管のように、その「京都」へと向かって、京都を京都たらしめるのに不可欠なものや人を送り込み続けている。

その中でも最も重要なのは、やはり自然であり自然の産物なのだ。

塩漬けにされた魚も、生かされた鮎も鱧も鼈《すっぽん》も、野菜も山菜も茸《きのこ》も茶も、あるいは野の花も薄《すすき》も、その道を通って京都の一部になる。

樹木が根から水や養分を吸い上げるように、「京都」はそうやって自然をその内側に取り込み続ける。京都という枠組みは遠い昔に形作られたものだけれど、その枠に自然を組み入れることによって、人が作ったものは古びるという宿命に抗《あらが》うのだ。

そしてまたその町という大きな枠は、その内部に入れ子状に存在する、より小さな枠によって支えられている。その小さな枠がそれぞれ内部に自然を取り込んでいるからだ。たとえば町家の坪庭は、京都の住宅形式という枠の中に「自然」を取り込むための形でもある。その自然は様式化されたものではあるけれど、町家に自然の命を吹き込む装置としての重要な役割を果たしている。

懐石料理も、目には見えないけれど同様の機能を果たしている。

つまり懐石という料理の形式が枠組みとなって、その枠組みに食材という自然を取り込んでいるわけだ。それは懐石に限らず、料亭の料理も小料理屋の料理もあるいは居酒屋の料理でも、それが自然を生かしたものであれば同じことだ。

中東さんの料理はその最たるもので、それは京都という町が料理という枠組みによってその中に自然の豊穣《ほうじょう》な恵みを巧みに取り込む方法論を鮮明に見せてくれる。

彼が大原で摘んだ大根の肉厚の貝割れを食んだ人が、深い驚きとともにその双葉の滋養を堪能するとき、京都という町も一緒に自然を呼吸しているのだ。

食べ物に限らず、茶の湯にしても生け花にしても、あるいは着物文化にしても、入れ子状の枠組みとなってその内部に自然を取り込み、京都という町に生命力を搬送し続けている。茶室の壁の一輪の花が、この町を日々再生させている。
それが、この町が千二百年もの命を長らえている秘密なのだ。
はたして東京には、そういうメカニズムは存在しているだろうか。

第三章　老舗の力は生まれ変わる力

なぜ彼らは山椒を「偏愛」するのか

欧米からの旅行者が成田空港に降りると醬油の匂いがするという話がある。

欧米人の旅行者に直接聞いたわけではないから、あくまでも伝聞だ。しかし、その話を初めて聞いたとき、私は思わずシャツの襟《えり》を鼻先に寄せて自分の匂いを嗅いだ。

なるほどなあと思ったからだ。

確かに私は、毎食のようになんらかの形で醬油を口にしている。毎食どころか一食の献立の中に、醬油を使った料理がいくつも重なっていてもぜんぜん気にしない。まるで空気を呼吸するごとく、醬油を摂取している。

けれど考えてみれば、世界各国の料理にはそういう傾向がだいたいある。

たとえばイタリア料理におけるオリーブオイルとトマト、ドイツ料理のジャガイモ、フランス料理のバター、韓国料理のトウガラシとニンニク……。

つまり、特定の食材や調味料への偏愛だ。

面白いことに、本人たちはその偏愛をほとんど意識していない。

ところが、よそから来た人間はすぐに気づく。成田空港の空気の中に、醬油の匂いを嗅ぎつけるように。

「うわっ。日本の料理ってみんな醬油味なんじゃないの？」

実際は何もかもが醬油で味付けされているわけではないのだけれど……。

京都にもそういう偏愛がある。

言うまでもない。

山椒《さんしょう》だ。

東京でも山椒を食べないわけではない。

春の筍に木の芽はつきものだし、鰻《うなぎ》の蒲焼きと泥鰌《どじょう》鍋にも山椒は欠かせない。

けれど、普通はまあそんなものだ。あとはせいぜい、麻婆豆腐に花椒《ほわじゃん》という中国産の山椒を使うくらい。家庭料理における山椒の出番は、年に数回というところだ。だから東京の一般家庭では、山椒粉はあってもたいがい賞味期限切れで香りも抜けていたりする。

山椒は五月に実をつける。東京でも郊外の雑木林や、武蔵野の面影を残した樹木の多い公園ではその時期になると、びっしりと実をつけた山椒の木を見かけることがあるが、誰も見向きもしない。それが山椒の実であることさえ知らない人もいる。

京都なら考えられないことだ。

その時期になると八百屋の店先には、淡緑色の山椒の実が笊《ざる》に山盛りになって並ぶ。小枝から山椒の実を外すのはけっこう手間がかかるのだけれど、夜なべ仕事でせっせと外して醤油で煮たり、さっと茹でて冷凍して保存する。

そしてその保存した山椒の実を、さまざまな料理に入れる。成田空港に降りた外国人じゃないけれど、京都ではあらゆる料理に山椒が入っていると信じている東京人も少なくない、と思う。もちろん実だけでなく、春先の名物に、ちょっと驚くくらいの量の山盛りの木の芽や花山椒を投入した山椒鍋やすき焼きがある。

もっと手軽に使える山椒の粉は、ありとあらゆるものにかける。

うどん、蕎麦に親子丼はもとより、牛丼にも天丼にもカツ丼にも山椒粉をかける。牛肉にも豚肉にも鶏肉にも鴨肉にも、タコにもかける。湯豆腐はもちろん、すき焼きにも寄せ鍋にも、野菜炒めにも味噌汁にもサラダにも……。

料理だけでなく、山椒を練り込んだ饅頭《まんじゆう》もあれば餅もある。

よく飽きないものだと呆れるくらい、彼らは山椒をよく使う。

けれど不思議なもので、京都にしばらく滞在してそういう山椒の集中攻撃を受けているうちに、いつの間にか洗脳される……というか、山椒の香りとあのぴりぴりとした刺激がじわじわと味覚の根っこに染み込んでしまうらしく、気がつけば山椒なしではいられなくなっている自分に気づく。

それにしても、なぜ京都では山椒を多用するのか。

京都の料理は薄味なので、山椒の爽やかな刺激が合うのだと説明されることがある。そういう面はあるかもしれない。

確かに山椒の辛味は爽やかだ。

山椒は柑橘《かんきつ》類だ。山椒の実に目を近づけると、その淡緑色の小さな球体の表面にはぽつぽつとくぼみがある。山椒の実は蜜柑《みかん》や柚子の仲間なのだ。あの辛いというよりはひりひりとする刺激は、熟す前の青い柑橘の刺激的な酸味に通じる。

この柑橘類の木は、日本列島のどこにでも自生している。縄文時代の遺跡からも山椒は発見されているし、『魏志倭人伝《ぎしわじんでん》』にも倭の国には山椒が自生しているという記述がある。『古事記』には、山椒は波志加美つまりハジカミと書かれている。ハジカミといえば現代では芽生姜の酢漬けのことだけれど、それは奈良時代に日本で生姜の栽培が始まったときに生姜もハジカミと呼んだことに始まるらしい。

生姜をハジカミと呼んだのは、つまり当時の日本で香辛料的役割を担っていたのがほぼ山椒だけだったことを意味している。他にもそういう役割をする香辛料があったら、区別するために別の呼称を用いたはずだからだ。香辛料が山椒だけだったから、ハジカミという山椒の呼称が生姜という外来の香辛料にも使われたのだ。実際にこの時代までの日本人が魚や肉の調味に使っていたのは、ほぼ山椒と塩のみだったと主張する専門家もいる。

山椒は日本の万能香辛料だったのだ。

その痕跡は今も日本のあちらこちらに残っている。

山椒を練り込んだ山椒餅は高知県をはじめ全国にあるし、粳米《うるち》から作った上新粉に砂糖と山椒を練り込んだ切山椒は今も東京の酉《とり》の市《いち》の名物だ。確かに関東地方の一般家庭では筍と鰻と泥鰌くらいにしか使わないけれど、関西から西の地域には山椒を使った郷土料理がけっこう残っている。

だからこれは京都の人が山椒を偏愛しているという話ではなくて、他の地域では昔ほどには山椒を使わなくなったということなのかもしれない。

もっとも仮にそうだとしても、それではなぜ京都にだけ太古の日本人の山椒への偏愛が色濃く残っているのかという疑問は残る。

広く流布している京都のイメージに反して、京都の「味」は山椒もそうだし京番茶にしてもそうだけれど、実はけっこう刺激的だったり癖があったりする。

これはよくいわれていることだけれど、三方を山に囲まれた京都は典型的な内陸性盆地気候で、夏は湿度が高くて「うだるように」暑く、冬は放射冷却による「底冷え」で厳しい寒さに見舞われる。たとえばインドでは極端に辛いものと極端に甘いものが好まれるのと同じように、そういう味覚上の嗜好は京都のこの極端な暑さと寒さに関係しているのかもしれない。夏の町家の廊下で拭き掃除をしていると、周囲の音が聞こえなくなるくらいに暑いという話を聞いたことがある。

京都の薄味も、薄ぼんやりした味という意味ではない。出汁もしっかり引くし、塩味だって利かせるところにはしっかり利かせる。

ただ余分な味付けはしないというだけのことだ。京都の一流の料理店のお椀が薄味なのは事実だが、それは人の味覚の限界みたいなところを狙っているのだ。

人が何をおいしいと感じるかの問題には、一筋縄ではいかない難しさがある。旨味が強ければ、それだけおいしく感じるというわけではない。濃い味は口に入れた最初の衝撃は強いけれど、次第にくどく感じるようになる。一椀の吸い物を最後までおいしく飲ませるために、旨味を極限まで控える。そのための薄味であり、そこには人間の感覚というものに対する深い理解があるわけだけれど、そのことについては前の章で述べた通りだ。

とにかくそういうわけで、よその土地から来た人間にとって、京都の料理はある意味ではとても刺激的で、だから一度虜になるとやみつきになる。

山椒もまさにそうで、私も京都で山椒にはまってしまった若い頃、東京に戻った途端に山椒が恋しくなった。東京のスーパーにだって山椒粉は売っているから、それを買ってきていろんなものにかけていたのだが何かが違う、何かが物足りない……。

その「黒いの」に出会ったのはそういうときだった。

文字通り真っ黒な調味料だ。

京都は何でできているか

正確に言えば黒ではない。

掌に載せて子細に観察すると深い焦げ茶色なのだが、その焦げ茶色の深さが尋常ではないために全体が黒く見える。

原材料表記には「白ごま、唐辛子、山椒、青のり、けしのみ、黒ごま、麻の実」とある。その一部が黒いのではなく全体が黒い。芳ばしい香りからして、何らかの方法で加熱してあるらしいのだが、不思議と焦げた匂いはない。手触りは、しっとりとしていて重量感がある。

もうひとつの特徴がつまり、山椒の香りと独特の刺激的な辛味だ。

うどんでも蕎麦でも、味噌汁でも漬け物でも、卵かけご飯でも、ちょっとした辛味が欲しいときにパラリと振りかけると、たちどころにその食べ物が京都の味に変わる。

だから初めてそれを知った頃は、もうバカみたいに何にでもかけてみた。寄せ鍋からすき焼きまで、鍋料理にはほとんど万能の力を発揮した。トンカツにかけてもいいし、焼き鳥にも、茹でたりソテーした豚肉にもよく合う。相手は和食に限らない。ステーキやサラダの調味料として使ってもいいし、フライドチキンやピザに一振りするのも悪くない。パスタとの相性がまた絶妙で、シンプルなペペロンチーノにも、トマトソースにもミートソースにもボンゴレにもよく馴染み、そこに幻の京都を出現させる……。

なんだか宣伝みたいだけれど、この「黒いの」を褒めちぎることがこの章の目的ではない。思わず熱く語ったのは、その最初の出会いが感動的だったからだ。

この調味料にも欠点はある。

使っているうちに、触れるものがすべて黄金に変わったギリシャ神話のミダス王の気持ちがわかるようになった。

……というのは大袈裟だけど、何にでも使っていると、何でもかんでも京都味になってしまうのだ。どんな素敵なものも過ぎれば感動は薄れる。今はここぞというときに、ほどほどに使うようにしている。

この風変わりな調味料を取り上げたのは、その成り立ちが極めて京都的だからだ。つまり、京都が「何でできているか」を教えてくれる。

『ヒリッとカラヒ』

ここまで書けば「ああ、あれだな」と思い当たった読者は少なくないと思う。

その調味料の名を、『黒七味』という。

調味料好き（？）の間では、かなり有名ではある。

京都のみならず、東京でも洒落た焼き鳥屋や居酒屋などのテーブルで『黒七味』の特徴的な木製の薬味入れを見かけることがある。数は多くないが、東京や福岡など他の地域にも取り扱っている店がある。

もっとも東京浅草の『やげん堀』や長野善光寺の『八幡屋礒五郎《やわたやいそごろう》』の七味のように、全国的に名を知られた七味ではない。

大量に作れば需要はあるはずだが、生産量が限られているからだ。

というか、大量生産は不可能だという話を人から聞いた。

製法が一子相伝だからだ。

つまり、『黒七味』の製法を知る人がこの世にたったひとりしかいない。だから大量生産ができないということらしい。

今の時代に、かなり珍しい話ではある。

どこまでほんとうかはわからない。

いや、わからなかった。

話の真偽を確かめるために『Ryokaku』を訪ねた。『黒七味』の製造元原了郭《はらりようかく》が祇園《ぎおん》の縄手通《なわて》に近年構えた、江戸時代の京都の茶店のたたずまいを再現したという店表に「ばったん床几《しょうぎ》」を設けた和モダンなデザインの新店舗だ。

ガラスの自動ドアをくぐると、店の中には胡麻《ごま》の芳ばしい香りが充満していた。

「四階が作業場になっていて、主人が胡麻を炒《い》ってる最中なんです。匂いが強くて、申し訳ないんですけど」

挨拶もそこそこに、原美香さんが言った。

主人というのは彼女の夫で、原了郭十三代目当主の原悟氏だ。

告白すると、そこで胡麻の強い香りを嗅ぐまでは、一子相伝というのは製法の秘密が堅く守られているということの、ある種の修辞的表現だと思っていた。

生産量が限られているとはいっても、今や『黒七味』はネットショップでも買える。どこかの工場で作っているのだろうし、そうであるなら少なくとも工場で製造に携わる人たちは『黒七味』の製法を知っているはずだ。

なんとなくそう考えていたのだけれど、完全な見当違いだった。

『黒七味』は一子相伝の言葉に違《たが》わず、当主の原悟さんがたったひとりで手作りしていたのだった。たったひとりというのはちょっと誇張ですがと言って、美香さんが笑った。

「実は私もちょっとだけはお手伝いししてるんです。材料を量ったり、洗い物したり、ほんとうに差し障りのない範囲ですけど。あとは全部主人がひとりで手作業で作ってます。量も多いし、重労働なんで、機械に任せられるところは任せたらって言うんですけど、ぜんぜん聞いてくれないんです。手作りがいちばんやって思ってはる人やから」

美香さんは元々の京都人ではない。長崎で生まれ愛知で育ち、結婚して祇園の原家に嫁いだ。元禄十六年から三百年余りも続く老舗だと知ったのは、嫁ぐ直前だったそうだ。

ただの老舗ではない。

なにしろ家祖は原惣右衛門、赤穂《あこう》浪士四十七士を束ねた大石内蔵助の参謀格だ。

原家の家伝によれば、吉良邸討ち入りの翌年元禄十六年に惣右衛門の一子・儀左衛門が剃髪《ていはつ》して了郭と号し、父ゆかりの祇園社門前に香煎《こうせん》の店を出したとある。

香煎は茶がまだ高価だった時代に一般的だった飲み物で、江戸時代の宿場や街道の茶店の主力商品だ。つまり了郭は祇園社の参拝客向けの茶店を出したということだろう。この時代の祇園には、香煎を売る店が他に何軒もあったようだ。

原了郭の『御香煎』は、茴香《ういきょう》や陳皮《ちんぴ》など数種類の漢方薬の原料を炒って粉末にし焼き塩と合わせた特別なもので、やがて祇園の名物となり宮中にも納められたという。

その製法を、一子相伝で父から子へと三百年間も連綿と伝え守り続けてきた十三代目に美香さんは嫁いだわけだ。

「暖簾の重さをすごく感じている人なんです。彼が二十歳のときに、父親は亡くなってるんです。若くして跡を継いで、父親の世代の方たちの中にぽんと放り込まれた。何から何までそこで一から学んだ。暖簾の重さも、周りから教えていただいたんです」

『御香煎』の製法は、原料も使用する量も作り方も了郭の時代から変えていない。塩はもちろん赤穂の塩だ。原惣右衛門の思いが脈々と生きている。

家族が江戸時代から作り続けてきたものを自分が作るということ、それを自分の一生の仕事として受け入れること。それが暖簾の重みを感じるということなのだろう。

自分がそれをやめてしまったら、家族の長い歴史はそこで絶たれることになる。

暖簾の重みが、元禄の昔に考案された『御香煎』の味を今に伝えている。

とはいえ、これは昔と同じことをしていれば伝統が守れるという話ではない。

『黒七味』には、そういう厳格なレシピは存在していないと美香さんは言う。

「最初に作ったのはたぶんおじいちゃんだろうっていわれてます。二代前の十一代目ですね。たぶんと言うのは、正確な記録が残っていないんですよ。ただ祖父の時代に売られていたことはわかってる。手先が器用で、アイデアの豊富な人やったから、おじいちゃんが考案したんやないかと家族は想像しています。だから『黒七味』はそんなに古いものではないんです。百年あまりにはなりますけど。その当時は新商品なわけですし、時代も変わったし何か新しいものをということで考えはったんやと思うんです。そやから『御香煎』のような細かいレシピはないんです」

百年ということは、大正の終わりから昭和の初めにかけてのことだろう。それは江戸時代に考案された煎茶が、日本の庶民の間に広く普及するようになった時期と重なる。煎茶の勢いに押されるようにして、祇園社の門前に何軒もあった香煎の店は消えていった。

原了郭の十一代目が『黒七味』を作ったのは、まさにそういう時期でもあった。『黒七味』はつまり、原了郭の生き残り戦略でもあったわけだ。

流行り始めた煎茶には手を出さず七味を作ったのは、香煎の製造で培った漢方薬の知識や焙煎《ばいせん》の確かな技術があったからだろう。自分たちが守り伝えてきたものを生かしたからこそ、十一代目の作った七味は京都の人々に受け入れられた。

それがなぜあんな黒い七味になったかは、今となっては知るよしもない。

ただ、その見た目も香りも味も、他の七味とは比べようもないほど個性的であることは間違いない。その個性が、『黒七味』の生命だ。

黒い京都

美香さんは続ける。

「当時は『黒七味』という商品名ではなかったんです。おじいちゃんの時代は『ヒリッとカラヒ』という商品名で売り出したんだそうです」

山椒のひりつくような刺激と、唐辛子の辛さで『ヒリッとカラヒ』なのだろう。コロッケだの赤玉ポートワインだのが流行った大正期らしい響きがある。「何か新しいものを」という意気込みが込められたネーミングだ。もっとも流行り物は、呆気《あっけ》なく古びる。十二代目は『ヒリッとカラヒ』という商品名を変えた。

「私が嫁いだ頃は、竹の筒の容れ物に入れて普通に『七味唐辛子』と書いた紙を貼って売ってました。それを『黒七味』としたのは、お客様の声からなんです。お客さんがみんな

『黒いの』ちょうだいって言うんで、それやったらいっそ『黒七味』に変えようと。普通の七味唐辛子と思って買って『これおかしいんちゃう』『色が変だ』と言うお客さんもいはったんですね。『黒七味』なら『この七味黒いで』とは言われないだろうと。でも商標がなかなか取れなかったんです、黒も七味も一般名称ということで。そやから、えらい苦労しました」

『黒七味』という商品名は単純だけれど、適確にこの七味の特徴を表現していた。しかもインパクトがある。

「黒い七味って何だ？」

『黒七味』を初めて知った人は少なからずそう思うに違いない。

好奇心で手に取る客は間違いなく増えたはずだ。

その客たちから『黒七味』の魅力はさらに世間に広まり、やがて原了郭を支える主力商品に育ったのだった。生存戦略は見事に当たったのだ。

「さっきも言ったように、『黒七味』には『御香煎』のように事細かにレシピを書いた巻物があるわけではないんです。おちゃんが作っていた味と香りの記憶を、夫は五感で受け継いだ。だから全部手作りなんです、機械任せにできないから。機械に五感はないって夫はよう言うてますけどね。胡麻を最初に炒るんですけど、相手は植物やから状態が日によって変わるんですよ。水分も油分もみんな違う。火を入れながら、『今日はあかん、油きつい』ってなったら、ちょっと火を弱めるとか。微妙な音と匂いと色の違いで判断しながら、一種類ずつ原料を炒っていくんです。そんなことができるのは夫だけで、だから一子相伝ということなんやろと思います」

手作りにこだわり続けているのは、何よりもそれが良いものを作る最善の方法だという信念があるからだろう。けれどそれだけでなく、手作りはこの世の他の誰にも真似のできない唯一無二の個性を育む方法でもある。

京都で老舗と呼ばれるような店は、必ず他のどの店にも真似のできない何かを持っている。そういうものを持たない老舗は存在しない。

唯一無二の個性が鍵なのだ。

それがあってはじめて、その存在をこの町に刻むことができる。

そういうものでなければこの町の人々はほんとうの意味で価値を認めないからだ。一時の流行で繁盛しても、羨まれることはあっても尊敬はされない。

その反対に、たとえどんなに小さなものであっても、その工夫が真に個性的で周囲からその価値を認められたなら、それは京都の一部と見なされ大切にされる。たとえば『黒七味』がそうであるように、それはそこで暮らす人々の生活の一部となるからだ。

それは京都の人誰もが『黒七味』を愛好しているという意味ではない。

祇園に原了郭という店があって、そこで『黒七味』が長年愛され売られているということが、京都を京都たらしめているということを、この町の人が認めるということだ。

そうなるためには、もちろんある程度の年月を必要とする。長い歳月という試練をくぐり抜けてはじめて、京都の人々はその個性を唯一無二のものと認める。老舗がひとつ潰れるということは、その唯一無二の個性が消えるということであり、京都を構成する何かがひとつ失われることでもある。

京都はそういう、時間の淘汰《とうた》に耐えた無数の個性でできている。

何かを工夫する人と、その工夫を守り受け継ぐ人の日々の営みが、この町を京都たらしめているのだ。

だからこの町では、手仕事が大切にされる。

そして二十一世紀になった今も、原了郭の作業場では主人が自ら鍋の前に立ち、今日の胡麻が最良の状態で炒り上がる一瞬を待ち構えている。

美香さん夫妻は子どもができるのが遅かった。待望の長男がようやく誕生し、近所の人たちが心から祝ってくれた日のことが、美香さんの記憶に深く刻まれている。原了郭に跡継ぎができたことを、町の人たちが我がことのように喜んでくれたのだ。

「『ずっと思ってたんえ。ドキドキしてたわ』というようなことを口々に言われて、とても嬉しかった。口に出しては言わなくても、心配してくれはったんやなあって。京都ではよその店が、他人事ではないんです。自分の店のように、よその店のことを気にするんですね。だから何か間違ったことをすれば、『ちょっと待ちよし』って叱られたりもする。けっこう辛口なんです。今の人は窮屈と感じるかもしれないけど、だから京都は強いんやと思う。うちのような店も、周りがみんなで支えてくれてはるんです」

辛さは舌の味蕾ではなく痛点で感じるのだそうだ。辛さとは、つまり痛みなのだ。けれどその痛みは、使いようで料理の味を引き立てる。口に甘いものだけでは、いい料理はできない。

人の世にも似たところがある。

聞き心地の良い言葉だけでは、ほんとうの意味での人間関係は育たない。京都の町の美しさはヒリッと辛い『黒七味』のような、近所の人の辛口が鍛えたものともいえる。

昔はあそこの△△も旨かったんやけどなあ

唯一無二の個性などというと物々しいけれど、それは必ずしも世間の耳目を驚かすような大袈裟なものばかりではない。関心のない人にとってはたとえごく微妙な差違であっても、オリジナルであれば認めるという風も京都にはある。

たとえば、ちりめん山椒だ。

ちりめんはちりめんじゃこの略で、漢字で書けば縮緬雑魚。カタクチイワシやイカナゴ、シロウオなどの稚魚を塩茹でして干したもので、関東ではしらす干しという。

このちりめんじゃこと山椒の実を、醤油や酒、味醂《みりん》などで炊き合わせた総菜が、ちりめん山椒。いや、もちろんそれくらいは誰でも知っている。

今や八ツ橋と並ぶ、有名な京土産だ。軽くて、手頃で、気が利いている。

問題は、ちりめん山椒の「老舗」が無数にあることだ。

どうせなら京都でいちばんおいしいちりめん山椒が食べてみたい。

さて、どこのちりめん山椒がいいか。

この問題はけっこう難しい。

ネットは正直、アテにならない。ちょっと検索してみればわかるけれど、ちりめん山椒愛好家という人がけっこういたりする。けれど京都中のちりめん山椒を食べてみましたとか、京都の三大ちりめん山椒はこれだとか、百家争鳴議論百出で結論は出ていない。しかも情報が玉石混淆《こんこう》で、どれを信じればいいかよくわからない。

旅先でこの手の問題に出会したときの手っ取り早い相談相手は、地元のタクシーの運転手さんと昔から相場が決まっていたのだけれど、この「ちりめん山椒問題」に関していうと、話がちょっとばかり面倒になったりする。

たとえばこんな感じに。

「運転手さん、ちりめん山椒の店って京都にはたくさんあるけど、どこのがいちばんおいしいと思います？」

「お好みがありますからねえ。一概にどこがいちばん言うのは難しいんとちゃいますか」

「じゃあ運転手さんはどこのが好きですか」

「そうですねえ……。お客さんはどこかお好きなとこあるんですか」

「僕は△△△ですね。今までの人生で、あんなにおいしいちりめん山椒を僕は食べたことない。まあ、他のは食べたことないんだけど……」

「ああ、△△△ですか。そうですねえ。確かに△△△もおいしいですねえ」

だいたいこんな感じで、はっきり答えを出してくれない。

これはたぶん、客に気を遣っているのだ。下手にどこのがおいしいとはっきり言ってしまうと、客の考えと衝突する可能性がある。

「どこのちりめん山椒がおいしいですか」と聞く客には二種類あるということを、彼らは経験的に知っている。

ひとつはほんとうにまったく何の知識もなくて、純粋にどこがおいしいかを知りたい客。

もうひとつは、実はどこか贔屓《ひいき》の店があったり、あるいは宿屋かどこかでおいしいという話を聞いていたりして、そこがほんとうにおいしいかどうかを確かめたい客。

客が後者の場合を想定して、適当にお茶を濁すわけだ。いやもちろん、それは運転手さんの個性にもよる。中には、「そらもう○○のおじゃこがいちばんでっせ！」と教えてくれるタイプもいないわけじゃない。

けれど、基本的には断言しない。極端な話が、後ろに乗っている客が実はどこかのちりめん山椒屋の大将だったということだって、ないわけではない。

だから、そういう「どこがいちばんか問題」に関しては、曖昧に答えること。

タクシーの正しい接客マニュアルには、きっとそう書いてある。

けれど、そこで話を終わらせたら子どもの使いだ。タクシーの運転手とのほんとうの会話は、そこから始まると言っていい。

このケースなら、「も」につけいる隙がある。

「運転手さん今、『△△△も、』って言いましたよね。ということは、他にも△△△と同じくらいおいしいところがあるということですよね」

「え？　ああ……、ま、まあ、そうなりますね（笑）」

「どこですか？」

「いや△△△さんはほんまにおいしいから、昔は私もよう××町のお店まで行ってたんですけどね。実はね、最近は○○○さんばっかりになりました」

「○○○ですか。初めて聞きました。どこにあるんですか？」

「いやそれが、実はウチの近所の住宅街の中にあるんですわ。ちょっと見では普通のお宅と見分けがつかへん。そいでねお客さん、そこのちりめん山椒は……」

客に調子を合わせるのが運転手の政治的に正しいマナーとすれば、「も」はどう考えても余計だ。「そうですねえ。やはり△△△さんがいちばんやと思います。お客さんよう知ってはりますねえ」とでも答えておけば話はそれで終わる。地雷は回避できる。

なのについ「も」を入れてしまうのは、運転手のちりめん山椒への愛ゆえだ。

つまり彼は、「ちりめん山椒なんてどれもこれもたいして変わらないだろう」とは、思っていないということだ。カタクチイワシの稚魚を山椒と炊き合わせるという、極めてシンプルな料理でありながら、でき上がるちりめん山椒は作り手によって千差万別の表情を見せる……と、少なくとも彼は信じている。

いや、実際にそうなのだ。京都にあまたある店のちりめん山椒は、どれひとつとして他店と同じものはない。色の濃いの薄いの、辛いの甘いの、山椒の香りが強いの淡いの、じゃこの硬いの柔らかいの、じゃこが小さいの大きいの……。それぞれに違いがあって、だからそれぞれのちりめん山椒にそれぞれのファンがいる。

ちりめん山椒を専門に売っている店は、基本的に小規模で並べている商品の種類も少ない。ちりめん山椒のみという店もある。ある運転手さんが連れて行ってくれた住宅街の店は、ほんとうにごく普通の和風住宅の外観で、玄関を開けたところに台を設け、そこにちりめん山椒を詰めた箱を積んで売っていた。ちりめん山椒の「元祖」とされる『はれま』も最初はそのスタイルだったようだ。

誰が初めてちりめん山椒を作ったかということについては、いくつも説があってはっきりしないのだけれど、ちりめんじゃこに山椒という京都の人が大好きな食材のシンプルな取り合わせから考えて、決着をつけるのはおそらく難しいと思う。卵かけご飯を発明したのは誰なのかと問うようなものだ。

ただ、私が現在知りうる限りでは、ちりめん山椒を初めて市販したのは京都の宮川町に本店のある『はれま』であるようで、それは今から半世紀ほど昔のこととされている。

その後、京都中にあまたのちりめん山椒を商う店ができたのは、真似をしたというような話ではなくて、「それならウチでも作ってるで」とか「私とこのちりめん山椒の方がおいしい」ということだったのだと思う。

つまりちりめん山椒は、昔から京都の家庭で作られていた総菜で、それゆえに無数のバリエーションが存在する。同じ「ちりめん山椒」という商品名で（いや実際には「チリメン山椒」だったり「山椒ちりめん」だったり「おじゃこ」だったり呼び名も違っていたりするが）、意識としてはまったく別のものを売っているのだ。

身も蓋もないことを言えば、それぞれに違うとはいっても、その違いはそれほど大きなものではない。私もいろいろ試してみたが、まずいと感じたものはひとつもなかった。

些細な違いと言ったら作っている方に失礼かもしれないけれど、決して悪い意味ではなく、そのごく微妙な違いを感じ取り、どれがおいしいとかまずいとか、好きだとか嫌いだとかいうことそのものを、楽しんでいるんじゃないかと密かに思う。

それは京都という三方を山に囲まれた小宇宙における、ある意味での遊びのようなものなのかもしれない。茶の話は後でまたするけれど、中国から日本に喫茶の文化がもたらされ、それが日本独自の茶道へと変容を遂げる以前の京都で、闘茶《とうちゃ》という遊びが隆盛を極めたことがある。

その時代、というのは鎌倉時代のことだけれど、日本で最高の茶の産地は京都北西郊外の栂尾《とがのお》とされていて、栂尾産の茶は本茶と呼ばれていた。それ以外の、たとえば宇治や醍醐の茶は非茶と呼ばれた。

闘茶は、自分が飲んだ茶がこの本茶か非茶かを当てる勝負事だ。茶のテイスティングを賭け事にして遊んだわけだ。

コインの裏表だって賭け事にすれば人は夢中になるわけで、闘茶が流行したこと自体に不思議はない。けれどその賭け事の対象が微妙で繊細な茶の味と香りの違いの利き分けだったところが、いかにも日本的ではある。そういう好みは都で、つまり京都の町で磨かれていった。その先に茶の湯という美意識の芸が生まれた。

深井戸を掘るように、何かひとつのものにこだわってひたすらそれを極めようとするのはこの国に顕著なひとつの文化的傾向でもある。

ちりめんじゃこと山椒を炊いたものが旨いという話になれば、それなら私はそこに唐辛子を加えてみようとか、あるいは山椒ではなく胡椒《こしょう》を使ってみようとかいうように横方向へ広がろうとするのではなく、どこまでもちりめんじゃこと山椒の組み合わせにこだわってその狭い範囲での微妙な差違を競い合う。

何かをつけ加えることでバリエーションを豊かにするのではなく、不要なものを削りに削った先の純度で差別化を図ろうとする。酒を醸す米を徹底的に磨き抜き、水のように澄んだ酒を尊ぶように。

そういう文化の形は、この町の人々が昔から好んできたこういうタイプの知的ゲームにその淵源《えんげん》があるのではなかろうか。

「どこそこの〇〇は旨い」と、Aが言う。

「そうやなあ、昔はあそこの〇〇も旨かったんやけどなあ」と、Bが混ぜ返す。

「昔はって、今は味が落ちたって言いたいんか」

「残念ながらな。料理人変わったんやて……」

そういう会話がこの町のあちこちで今日も繰り返されているはずだ。

窮屈な環境ではある。手を抜けばその話はすぐに町に広まる。真面目に仕事をしていれば必ず評価されるというわけでもない。町は生き物で、新しい競争相手がいつ登場するとも限らないからだ。老舗といわれるような店もそれは例外ではない。

けれどこの町のさまざまなものが、そういう風にして洗練されていく。

微妙な違いに敏感で、それを愛《め》でたり腐したりする、口やかましいこの町の人々によって。かくして京都の町のあちこちには、味や食感が微妙に違う数々のちりめん山椒が出現するというわけだ。

それは味の多様性というよりは、洗練度のバリエーションだ。

ちなみに、私の好みは『はれま』だ。

ここのちりめんじゃこはまず美しい。型の揃ったかなり小ぶりのじゃこだけを使っているからだ。一匹一匹のサイズはせいぜい5〜6ミリというところだろうか。その極めて小さなじゃこ一匹一匹の目が生きていると言えばいいのか、とにかくことごとく銀色に輝いている。よほど鮮度の良いものを加工しているのだろう。

醤油の色は濃いめ。味はすっきりした辛口で、噛みしめるとしみじみとしたじゃこの旨味が滲み出す。山椒の爽やかな辛味がほど良いアクセントになっている。

熱々の白いご飯に載せて食べる喜びは言うまでもないけれど、このちりめん山椒を混ぜ込んだ握り飯がまたたまらなく旨いのだ。

京都という生き物が咀嚼した中華料理

そういう意味で、京都はたくさんの個性的な店と町の人々との合作であるともいえる。

たとえば京都には、京都らしい中華料理がある。姜尚美さんが『京都の中華』という著作でそのことを丁寧に描き出している。

冒頭の一節を抜き出してみよう。

「京都の中華はおいしいらしいね」

と、京都の人ではない人に言われたことがある。

一瞬、どう返答しようか考えた。

おいしい、確かに。でも伝わるかなあ、あの静かな味――。

（『京都の中華』幻冬舎文庫　姜尚美著）

「あの静かな味」というひとことで、姜さんは京都の中華料理の特徴を適確に表現している。そうとでも言うしかない、静けさのようなものがこの町の中華料理にはある。

祇園の四条通から、こんなところに店があるのかなあと不安になるほど狭い石畳の路地を進んだ突き当たりの『盛京亭』は、そういう京都の中華を代表する店だ。

間口は半間、主人が中華鍋をふるう様子が眺められるカウンター席が数席、その奥に四人がけのテーブル席が二卓。内装はいたってシンプルで、メニューも焼き豚に八宝菜、野菜炒めにもやし炒め、酢豚に餃子に焼売と、それほど変わった料理があるわけでもない。

そういう意味では、何の変哲もない町の小さな中華料理店だ。

けれどこの店は、池波正太郎の随筆にも登場する。南座に近いという場所柄もあり、市川雷蔵に片岡千恵蔵、中村錦之助、島田正吾、辰巳柳太郎、緒形拳……と、錚々《そうそう》たる人々も通った、祇園では知らぬ者のいない名店なのだ。

開業は昭和二三年、現在の店主上田隆雄氏が生まれた年のことだった。

『盛京亭』の初代、つまり上田さんの父親は京都の人ではない。群馬県の館林に生まれ、東京は京橋の北京料理店で修行し、京都で結婚して祇園に店を開いた。

店の味は、この初代と、祇園の芸妓《げいぎ》や旦那衆をはじめとする古い馴染み客とのやりとりの末に完成したものだと上田さんが教えてくれた。

「だいぶ苦労したみたいです。北京料理の味をそのまま持ってきたもんやから、油っぽくて食べられへんとか味が濃くて嫌やとか、量が多いとか、大きくて口に入らへんとか。お馴染みさんに叱られ叱られしながら、この味を完成させたと聞いてます」

店の名物になっている焼き飯の具材は、筍に人参に豚肉。豚肉は味の奥行きを出すために、焼き豚と生の豚を半々に使う。それらの具材を賽《さい》の目に切り、あらかじめ炊いて味を染み込ませておく。注文が入ると中華鍋にごく少量の白絞油《しらしめゆ》を引き、白飯と卵をさっと炒め、用意した具材と手際よく混ぜ合わせる。白飯は上田さんが探し歩いて見つけた粳米、近江の日本晴を硬く炊きあげ、冷飯にせずに温かいまま炒める。水分を綺麗に飛ばして、サラリとした仕上がりにするためだ。

使用する食材の質と量、調理のすべての過程に理由があり、そのすべてに細心の注意を払って『盛京亭』の焼き飯は完成する。

特に変わった食材を使うわけでもない。具材の賽の目は食べやすいように小さく切られているし、卵が油を吸うのを嫌って少量しか使わないから、むしろ見た目は地味だ。いやその味にしても、口に放り込んだ瞬間に「旨い！」と唸らされるような派手さはない。なにしろまず、焼き飯なのに油気をほとんど感じない。味そのものはとてもよくまとまっているのだけれど、味覚を刺激する強い味付けはない。

つまり「静かな味」なのだ。

ただ、その静けさの隣に控えめに旨味がある。熱々の焼き飯を二匙《さじ》、三匙と口の中に放り込み、はふはふしながら食べるうちに、その旨味が重なっていく。賽の目の筍がコリコリと小気味のいい音を立てる。豚の甘みが滲み出す。

食べれば食べるほど次の一匙が楽しみになり、ふと気がつけば、八角皿の底に残った何粒かの米まで指を使ってレンゲに載せている。

そして静かな満足感とともにコップの水を飲み、店を出て石畳の狭い路地を歩いているときにしみじみと、それが人生の中でもめったに出会うことがないレベルの、とてもおいしい焼き飯だったことに気づくのだ。

その感覚には馴染みがあった。

ジャンルは違うし味にも香りにも何の共通点もないけれど、淡い味が少しずつ重なって最後の一口を食べてはじめてそのおいしさが完成するという味の組み立て方、つまり「おいしさ」の構造が懐石の清まし汁とよく似ているのだ。

それは人を驚かせようとか、自分の才能を認められたいとかいうような、料理人の野心とは縁のない料理だ。

最後の一口で「おいしさ」を完結させるのは、最後の一口まで焼き飯を心静かに食べてもらいたいという気持ちで料理を作っているからだ。そのために一口目の「おいしい」をある意味で犠牲にしているわけだ。これは料理人にとってはかなりのリスクだ。そのリスクをあえて冒すのは、どこまでも食べる人のことを考えてのことであって、自分の料理の腕をひけらかそうなどという考えがあったらたぶんできないことだ。

料理に野心は無用だと言いたいわけではない。そういう料理があってもいいし、自分の才能を認められたいという思いは誰にでもあるだろう。『盛京亭』の初代だって、新国劇の名優から自分の料理を褒められれば嬉しかったに違いない。

ただ、この焼き飯を考案した初代は自分を表現しようなどとは露ほども思わず、ひたすら客を満足させることだけを考えて料理を作ったのだと思う。

当たり前のことのようだけれど、それに徹するのは簡単なことではない。

それは馴染みの客たちの、ああしてほしいこうしてほしいという要望を、そのまま受け入れたということではおそらくない。そんなことをして、あんなにも細部にまで工夫の行き届いた料理が作れるはずがないから。

北京料理店で修行した若い料理人だった彼には、油っぽいとか味が濃いからなんとかしてという注文は理不尽に近いものだったはずだ。けれどそこで「中華料理なんだからそんなの無理だ」と言ってしまったら、この町では商売が成り立たない。

あれこれ文句を言いながらも、彼らは馴染みになり店に通ってくれるのだ。北京料理の何もかもが気に入らないわけではない。どこかでおいしさを認めているからこそ、彼らはああしろこうしろと注文をつける。

お節介ではある。なにしろ中華料理店で油っぽいと文句を言うのだ。東京なら好みに合わない店には行かなくなるだけのことだろうに。けれど、京都の人にはそういうところがある。

注文をつけたり文句を言うのは、近頃流行りの「クレーム」などではなくて、それは客と店との会話であり、言葉を換えれば愛情でもある。「おいしかった」も「油っぽかったわ」も意味は同じで、また来ますと言っているわけだ。

そういう声にひとつひとつ応えながら、『盛京亭』の味は作られた。

中華料理で油を多く使うのは、それなりの理由があるわけだ。単に油を減らせばいいというものではない。引き算をして減った部分は、何かを足して補う必要がある。

何を引いて、何を足すか。この町の人の好みや趣味に寄りそい、足し算と引き算を繰り返し、工夫を重ねて、ようやくこの味に辿り着いたのだ。

『盛京亭』の焼き飯は、まるで炊き込みご飯のようだと評されることがある。

なるほどそうだと思わないでもないけれど、でもやはりそれは中華料理なのだ。

それは文句を言いながらも通い続けた客と、根気よくその文句を聞きながら職人の技と工夫で再構築した、もうひとつの中華料理だ。

それがつまり「京都の中華」なのだった。

焼き飯の話ばかりになってしまったけれど、『盛京亭』の料理はなんでも旨い。新幹線で京都駅に着いて、時間があれば私は真っ先にこの店に向かう。京都の旅の始まりに、この店の中華料理はとてもしっくりするのだ。

まず京都過ぎないのがいい。なにしろ中華だから。

狙い目は昼食時を過ぎ、客足が途絶えた昼下がりだ。

最初にビールと焼き飯を頼む。それから料理を何品か。まずは熱々の焼き飯で小腹を満たす。ただし半分は残しておく。

それからおもむろにビールの栓を抜く。

ガランとした店内で、冷たいビールをちびちび飲みながら、皮のパリパリとした春巻きにカラシをつけて「やっぱり、旨いなあ」と感心しながら食べ、花椒がちょっぴりかかった極細のもやし炒めのシャキシャキを楽しむ。

コチコチと時計の針の音が聞こえるだけの、静かな時間が過ぎていく。

締めは半分残しておいた、冷めた焼き飯だ。

噛みしめると、じわじわと嬉しさがこみ上げてくる。

ここの焼き飯は、冷めたのがまた旨いのだ。

しみじみと京都に来たなあと思う。

また焼き飯の話になってしまった。

槙の湯桶とプラスチックの湯桶

個性が鍵だとか、この町では個性がなければ生き残れないとか、個性という言葉を何度も使いながら卑怯《ひきょう》だとは思うが、この言葉には少し違和感がある。

個性という日本語は英語のインディビデュアリティとかパーソナリティの翻訳語だろうが、その元の英語の語感は京都的な「個性」とは微妙に重ならない。

京都の町を構成する「個性」は、欧米的な文脈での個性とは色合いが違う。

『黒七味』にしてもちりめん山椒にしても『盛京亭』の焼き飯にしても、それぞれに極めて「個性的」ではあるけれど、それを「発明」した人に、繰り返すけれど、自分の何かを表現しようなどという思いがあったわけではない。

ただ目の前にある課題を解決すべく、自分の持てる技術や想像力を駆使しながら工夫を重ね試行錯誤を繰り返しただけのことだ。

その結果として生まれるのが、京都的な意味での「個性」なのだった。

今流行りの「自分らしさ」などという湿っぽい自己表現とは何の関係もない。

もっとドライな、プロフェッショナリズムの塊なのだ。

だから『黒七味』をほんとうは誰が「発明」したかを、その家の人もよく知らない。

『はれま』のちりめん山椒と『盛京亭』の焼き飯に関しては今のところわかっているけれど、もしもそれがこの先も作られ続けるなら、そう遠くない将来にきっと忘れられてしまうだろう。

その代わりそれはこの町の一部となって、未来の世代に受け継がれていくのだ。

そういう「自己表現」もある。

クールだなあと思う。京都はとてもクールな町でもある。

スティーブ・ジョブズが元気だった頃、店にふらりと立ち寄って大量に買っていったという木桶《きおけ》がある。京阪三条駅にほど近い縄手通の『たる源』の桶だ。

彼が買い占めたくなった気持ちはよくわかる。

『たる源』の桶は美しい。私が初めて『たる源』の桶に出会ったのは、ある旅館の風呂場で、それは湯桶だった。風呂から湯を汲み顔を洗ったりする、あの湯桶だ。

湯桶であるにもかかわらず、それは機能美という言葉を形にしたらこうなるという姿をしていた。その湯桶の存在が、風呂場全体の印象まで引き締めていた。

驚くべきはその薄さで、縁の厚みは測ってみると三ミリしかなかった。装飾的なものは何もない。極限まで薄く削った正目の槙《まき》の板を細い竹釘でつなぎ、二本の極細の銅製のタガで留めているだけだ。

その緻密に揃った正目の側板と、二本の赤金色のタガのバランスがひたすら美しい。

手触りは滑らかで柔らかく、持ち上げてみると夢のように軽い。裏返すと底板に『たる源』の焼き印が押されていた。

『たる源』がどこにあるか知らなかったけれど、京都であることは間違いないという確信があった。その湯桶は京都で生まれたとしか思えない形をしていた。

宿の人に尋ねると、はたして縄手通の住所を教えてくれた。

訪ねたのは二日後か、三日後だったと記憶している。突然の訪問にもかかわらず、『たる源』五代目の川尻洋三さんは仕事の手を休めて話を聞かせてくれた。

言い訳をすれば私はまだ若くて青二才だった。宿の風呂場で味わった衝撃を、初対面の彼に滔々《とうとう》と並べたような気がする。これこそ京都の形だとか、見た瞬間にそれがわかったとか何とか。……思い出すと顔から火が出る。

そして、いちばん聞きたかったことを聞いた。

「風呂で使う湯桶であるにもかかわらず、側板をここまで薄くしたのはなぜですか」

やっぱりそれが美しいからとか、あるいはもっと突っ込んだ京都の美意識についての話が聞けるだろうとばかり思っていた。

けれど答えを想定しながらの質問は、たいがい肩すかしをくらう。

黙って話を聞いていた五代目は、微笑を浮かべながらこう答えた。

「それは戦後のものです。戦後になって、プラスチックの洗面器が出てきた。軽くて使いやすいというんで、銭湯とかみんなあれになっちゃったでしょ。それで私の父親が、プラスチックに負けない軽い湯桶をということで工夫したんです」

……とはいえ。

時代と格闘しながら変わり続ける伝統

よく考えてみれば、京都の職人はプラスチックの桶に対抗するために、あれだけ完成度の高い美しい形を作ってしまうのだ。そういう人たちを相手に、美意識がどうのこうのという話をするのは野暮もいいところだ。

玄関先を箒《ほうき》で掃いているだけのことなのに、「あなたの美意識に感動しました」とか言われても返事に困る。そういうことだ。

そんなことより重要なのは、この高度な工業製品に己の技でどう勝つかだ。

プラスチック桶を前に、腕組みをする四代目の後ろ姿が目に浮かぶようだ。

製薬会社がプラスチックの湯桶に例のクスリの名前を入れ、東京駅八重洲口の東京温泉に初めて置いたのは東京オリンピック前年のことだった。今でこそ湯桶は木の方が風情があっていいなどと言うけれど、当時はそれが当たり前で珍しくもなんともなかった。

そこに登場した、プラスチックの桶は物珍しさも手伝って人気を博す。クスリの知名度も上がって宣伝効果は抜群だというので、この製薬会社のプラスチック桶は全国の銭湯や温泉に普及していく。全国に延べ二百五十万個が配られたという。

木桶のようにカビもつかないので手入れが簡単だし、蹴っても叩いても壊れない丈夫さから永久桶などと呼ばれたりもした。しかも軽くて使いやすい。

湯桶だけでなく、桶は日本の家庭の必需品だった。

その生活必需品がことごとく、おひつもたらいも漬け物桶も飯台も、さまざまな種類の桶がプラスチック製品に取って代わられた。

そういう時代の流れに対抗するのは容易なことではない。

実際、この時代を境に日本中どこの町にも一軒はあった桶屋が、次々に廃業したり転業を余儀なくされていく。桶も樽《たる》も使用しているうちにタガが緩んだり、側板が反ったりして壊れる。桶屋で修理して使うものだったが、そういう需要さえなくなった。

こうしてプラスチックの桶が普及するにつれ、木製の桶は重くて野暮ったくて古くさいものと受け止められるようになる。

四代目はこの逆風に、湯桶の側板を削って薄くすることで対抗した。

もちろんただ薄くすればいいというものではない。側板を薄くすれば桶全体の強度が落ちる。薄い側板を桶に組み上げるには、精緻な手技も必要とされる。

どこまで側板を薄く削れるか。それをどう組み上げるか。強度を確保するにはどうすればいいか。工夫と試行錯誤を繰り返したに違いない。三ミリの薄さにまで削った側板に極細の竹釘を打ち、米糊で接着する。湯桶を使っている間にこの糊は溶けて流れるが、その頃にはしっかりと組み合わされた側板が十分な強度に達している。

こうして『たる源』の世にも美しい湯桶は生まれた。

それはこの町が、時代にどう立ち向かうかというひとつの実例でもある。

過去に作られた古いものを、そのまま受け継ぐだけでは伝統は守れない。

「変わらないために変わる」という言葉があるけれど、時代と格闘しながら変わり続けることでこの町の伝統は守られている。

その過程で生まれるものが、ことごとく美しいのはなぜなのだろう。

第四章

抹茶と番茶

この本の最初で、京番茶の話をした。

煙草の煙の匂いのする強烈な茶についての話だ。

そういう茶が京都でよく飲まれているというところまでは話したけれど、ではなぜそういう茶があるのかという話はしていない。

これからその話をする。

京都について考える上で、それはとても面白い問題だから。

その話をする前に若干の説明が必要だ。

そもそも茶とは何かという話だ。

茶はどこから来て、どういう経緯で現在のような茶になったのか。

祇園祭の山鉾をペルシャ絨毯で飾る

京都の面白さは、普段私たちがなんとなく「日本的」と思っていたものが、実は外国からの「輸入品」であることに気づかされるところにある。

すべてとは言わない。けれど、かなりの割合でそれは舶来品だったりする。

そのことについて詳しく説明する必要はないだろう。

米も漢字も仏教も、日本の文化のアイデンティティとでもいうべきものの大半が、海の向こうから持ち込まれたものなわけだ。それは我々が小学生の頃から習ってきた歴史的な事実だ。

けれど、そうはいっても普段はあまり意識することのないそういう知識を、京都を旅するとなるほどなあと肌で感じることがよくある。

たとえば祇園祭の山鉾《やまほこ》を見上げればペルシャ絨毯《じゅうたん》やフランドル地方で織られたゴブラン織りのタペストリーが飾られている。その絵柄はピラミッドだったり、旧約聖書やホメロスの叙事詩の一場面を描いたものだったりする。現代になって誂《あつら》えたものではない。二百年も三百年も昔からそれらの高価な舶来の緞通《だんつう》が山鉾を飾ってきたのだ。

京土産を代表するあの八ツ橋の独特の香りはニッキすなわちベトナム産の香料シナモンだし、旅館や料亭の玄関で必ず焚《た》かれているお香は、その原材料の白檀《びゃくだん》にしても沈香《じんこう》にしても遠くインドや東南アジアから運ばれたものだ。

京料理にしても、別の章でも触れたように、その最初は中国の食文化の模倣から始まったわけだ。そもそも京都の雛形《ひながた》である平安京という都市の成立そのものが、その都市計画から法体系にいたるまで中国文化の影響を抜きにしては語れない。

そういう意味では、現代の私たちと昔の人はそれほど変わりはない。たとえばこの原稿にしてもスターバックスカフェでアフリカ産のコーヒー豆で淹れたアイスコーヒーをちびちび飲みながら、アップル社のラップトップを使って書いている。何百年も昔の京都人も私たちと同じように異国の文化に憧れ、外国のさまざまな文物に囲まれて生きていたのだなあということを、京都の町を歩くと頻繁に出会すそういう遠い昔の異国趣味の痕跡が教えてくれる。

もっとも、今と昔とでは流れている時間が違う。

たとえば遣唐使の派遣は十数年から二十数年に一度だった。だから遣唐使船に乗船して海を渡った留学生は、次に日本から遣唐使船がやって来るまで二十年前後も唐に留まるのが普通だった。阿倍仲麻呂のようについに帰国を果たせなかった留学生もいる。

外国に憧れるのは同じでも、外国から取り入れたものを消化吸収し我がものとするまでにかける時間の長さが今と昔とでは決定的に違っていた。

外国からやって来たモノは長い時間をかけて消化吸収され、やがて「日本的」なモノへとゆっくり変容していく。そうして外国の文化を自分たちの文化のいわば血肉とするわけだ。その過程を詳《つまび》らかに見せてくれるのが京都という町だ。京都はそういう意味で、外国文化を日本文化へと消化吸収する装置ともいえるかもしれない。

茶もそういう外国由来のモノのひとつだ。

煙臭い茶が今も京都で好まれているのも、実を言えばその外国由来の文物の消化吸収過程と深い関係がある。

日本には茶が二度伝来した

茶の原産地については諸説あるけれど、現在の中国雲南省南部という説が有力視されている。これが中国を経由して日本に二度伝えられた。

一度でなく二度だったのは、最初に伝わった茶は普及しなかったからだ。

その二度とも、中国から日本へ茶をもたらしたのは僧侶だった。

文献で確認できる最初の茶に関する記述は『日本後紀』で、遣唐使船で中国から茶を持ち帰った永忠《えいちゅう》という僧が嵯峨《さが》天皇に茶を煎じて献じたとある。西暦八一五年、京都に都が遷《うつ》されて二十一年目のことだ。

永忠の茶は今日我々が普通に飲んでいる煎茶とはかなり違っていた。団茶と呼ばれる固形茶で、蒸した茶葉を型に入れ干し固め、さらに発酵させたものだった。現代中国でも人気のある普洱茶（プーアル茶）はこの団茶のタイプのものが多い。当時はこの団茶を火で炙《あぶ》って粉末にし、湯で煎じて飲んでいたらしい。

茶葉を急須に入れてお湯をそそぐだけでお茶が飲めるのに、なぜそんな面倒なことをしたのか。けれどそれは煎茶があればこそで、現在のような煎茶が工夫されたのは十八世紀後半のことだ。永忠の時代から数えれば、煎茶が誕生するまでに実に九百年もの歳月が過ぎている。煎茶は高度に発達した茶の栽培および製茶技術の賜物《たまもの》なのだ。

雲南省南部およびその周辺には茶の葉を漬け物にして食べる地域がある。人類史の上ではそれが最も古い茶の利用法だったと考えられている。最初、茶の葉は食べるものだった。茶の葉を漬け物にして発酵させたのは、茶の葉が生ではもちろん煮ても焼いても食べられたものではなかったからだ。漬け物にすれば硬い茶葉の組織が微生物の力で分解されて人が食べられるようになる。遠い昔、誰かがそのことに気づいたのだろう。

永忠が遣唐使船で持ち帰った団茶は、この漬け物としての茶の延長線上にある。火で炙って粉末にした団茶を湯で煎じるときに、塩や香辛料を入れたという話もあるから、それは現在の茶よりもむしろスープに近いものだった可能性もある。

嵯峨天皇はこの茶を気に入って、諸国に茶を植え毎年収穫を献上することを命じ、朝廷内にも茶園を設け、特別な係を作り団茶を作らせている。

というわけで平安時代にはすでに京都の地で茶の栽培が始まっていたのだが、十世紀の初めに唐が滅び遣唐使が廃止されるのと並行して、日本における喫茶の習慣は衰退していく。団茶は宮廷の行事に使われるなど上層階級の間で飲まれただけで、一般にはほとんど普及しなかったといわれている。

たとえば高知県の大豊町では、今現在も碁石茶という団茶の一種が作られている。カビ付けと乳酸発酵を経て作られる、微かな酸味と独特の味わいのあるお茶だ。もしかすると碁石茶は、嵯峨天皇が諸国に命じて作らせたという団茶の遠い子孫かもしれない。宮中の儀式で使われなくなり、都では忘れ去られてしまった団茶作りの技術が遠く四国の山中の一地域に残り代々伝えられてきた可能性はある。

けれど、いずれにしても団茶はごく限られた地域にしか残っていない。

都の人々が茶を飲む文化を忘れてしまった頃、栄西《えいさい》によってふたたび中国から茶が日本へともたらされる。

平安末期から鎌倉初期という時代の変わり目の頃の話だ。

栄西は日宋貿易の船で南宋の時代の中国に渡り、南宋で隆盛だった禅宗を学んで日本に伝えて臨済宗《りんざいしゅう》の開祖となった人だ。彼が禅と一緒に持ち帰ったのが、碾茶《てんちゃ》と呼ばれる新しいタイプの茶だった。

碾茶とは収穫した茶葉を蒸した後に炉で乾燥させた茶で、これを臼などで粉に碾《ひ》いたもの（つまり抹茶だ）に湯をそそぎ、茶筅《ちゃせん》でかき混ぜて飲んでいた。そう書けばわかると思うけれど、栄西は後に千利休が完成させる茶の湯の原型を日本にもたらしたのだ。ゆえに栄西は茶の世界では茶祖と呼ばれている。

考えてみれば抹茶は茶葉を粉にして飲んでしまうわけで、漬け物として食べていた茶と湯に浸して茶の成分を抽出して飲む現在の煎茶の中間的存在ともいえる。

禅宗も碾茶も、いうなればこの時代の最先端の舶来品だった。

「京都は外国文化を日本文化へと消化吸収する装置だ」と書いたことと矛盾するようだけれど、この最先端の舶来品を京都の人々が簡単に受け入れたわけではない。

いや最終的には受け入れたのだが、その方法論は少なくとも首都が東京に移った後の、消化吸収はおろか嚙み砕く間もなくほとんど丸呑みするように西洋文明を受け入れてきた現代日本人のやり方とはかなり違っていた。

その姿勢は現代の京都人の流行に対する一般的な反応にも垣間見《かいまみ》られる。

つまり最初はどちらかといえば冷淡な態度で接する。簡単に飛びついたりはしない。単なる流行であれば短期間で廃れてしまうことを彼らはよく知っているからだ。

団茶が少なくとも都には定着しなかったのも、そういうところに理由があるのかもしれない。それは京都の風土や、好みには合わなかった。

けれど彼らは流行に敏感でないわけではない。横目でじっと見ていて、それが本物であること、あるいはその中に自分たちが学ぶべき価値があることを見極めると、貪欲にそれを消化し始める。あるいは換骨奪胎して自分たちのものにしてしまう。

禅宗という新宗派に対しても、茶に対しても最初はおおよそそういう態度で都の人々は接したようだ。つまり簡単には受け入れなかった。だから栄西は苦労した。

けれどその苦労があったからこそ、禅宗と茶の湯が日本文化の核になった。

その舞台も京都だった。

祇園の南側にある建仁寺の庭を歩くと、その苦労の痕跡を見つけることができる。

建仁寺の庭の茶の木だ。

バーミックスと茶道

建仁寺は栄西が鎌倉幕府二代将軍源頼家の援助を受けて建立した寺だ。

当初は天台宗と真言宗、それから禅宗の三宗並立だった。つまり三つの宗派がひとつの寺に共存していた。そういう変則的な寺にならざるを得なかったのは、禅宗に対する厳しい風当たりがあったからだ。

この時代の大半の日本人にとって、禅宗は新奇な舶来品だった。

いつの時代でもそうだけれど、新しい思想は旧来の思想からの激しい抵抗を受ける。栄西のときもそうだった。天台宗の延暦寺をはじめとする当時の日本仏教の主流派の運動もあって朝廷は禅宗停止《ちょうじ》の宣旨《せんじ》を下し、禅宗の布教は困難を極めたらしい。

栄西は国内を東奔西走し、朝廷の影響力の比較的弱い鹿児島や福岡などの地方に禅寺を建立し、さらに北条政子や源頼家をはじめとする鎌倉幕府に庇護《ひご》を求める。

武家には既存の仏教勢力とのしがらみがなかったし、「新しい葡萄酒《ぶどうしゅ》は新しい革袋に入れるべし」という言葉の通り、何よりも禅宗の新しい考え方が新興勢力である武士階級の人々の心を捉えた。

そしてついに栄西は将軍頼家の支援を受けて、念願の京都に建仁寺を建立する。

けれど将軍の後ろ盾があろうと、京都で禅宗を布教するのは簡単ではなかった。三宗並立は既成仏教からの反発を和らげるための栄西の苦肉の策でもあった。

もうひとつの策が、喫茶習慣の普及だった。

栄西は南宋から帰国するときに茶の種や苗木を持ち帰り、茶の栽培を始めた。佐賀の背《せ》振《ぶり》山や京都の栂尾など、栄西の茶種から始まったとされる茶園はいくつもある。

彼が修行した南宋の禅寺の一日の日課には何度かの茶礼、すなわち茶を飲む時間が設けられていた。茶の覚醒作用は禅宗の修行に欠かせないものだった。

禅宗の僧侶の集団生活の規則を清規《しんぎ》というが、この清規には茶礼や喫茶に関する決まり事がいくつも定められている。茶を点て、茶を喫することも、禅の修行の一部だった。つまり禅の修行には茶が必要で、だから栄西は寺に茶を植えた。建仁寺の茶の木はそういう時代の禅寺の姿を今に伝えているわけだ。

ところで、この話は逆から考えることもできる。

栄西が茶を栽培したのは禅宗の修行のためだけれど、禅宗を広めるために茶を積極的に普及させたという面もあったのではないか。南宋からの舶来品である茶に惹かれて禅門をくぐる人も中にはいたに違いない。

禅の修行の中心は座禅だ。昨今は瞑想《めいそう》がブームで座禅を組む人も増えている。半日も座ってみればわかるけれど、それは必ずしも楽しいものではない。最初はとにかく足が痺《しび》れて痛いのだ。初心者にとって、禅は激痛との戦いといってもいい。

座禅を組んでまともに瞑想できるようになるまでは、ある程度の期間耐えなければならない。求道心に燃えた僧侶なら足の痛みなど何でもないのかもしれないが、そういう人ばかりではないはずだ。

辛い修行の合間の茶礼は飴《あめ》と鞭《むち》の飴ではないけれど、それこそ一服の清涼剤としての役割を果たしたことだろう。禅が辛いだけではないことをアピールするためにも、栄西は茶を普及させたかったのではなかろうか。

栄西は『喫茶養生記』という日本最古の茶の啓蒙書の執筆者でもある。

「茶は養生の仙薬なり」という文章で始まるこの書物で、栄西は茶には寿命を延ばす効能があるということを丁寧に説いた。

なんだか現代の健康食品の広告みたいだ……と言ったら栄西に怒られるかもしれないけれど、何百年経とうが人の主たる関心にあまり変わりはないということなのだろう。

こうして喫茶の習慣は世に広まっていく。

と同時に、栄西の持ち帰った中国式の茶礼は日本独自の茶の湯へと形を変えていく。その完成者が千利休だ。

栄西と利休の間には三百年あまりの歳月が横たわっている。

乱暴な議論であることを承知の上で、その三百年間に起きたことをあえてひとことで要約するなら「国風化」ということになる。

漢字からひらがなが生まれたように、外国から日本に入ってきたさまざまな文物は時間をかけて日本独自のものへと変容していく。

たとえば日本のフランス料理店は、一九八〇年代くらいまではいかに本場の料理と同じものを出せるかが勝負だった。素材にしても味付けにしても、パリの何区のどこそこの店と同じ料理が食べられるということが料理店の評価につながった。料理人が「ウチの料理はフランスのどこにもないオリジナルです」なんて言おうものなら、そんなものはフランス料理ではないと否定されていただろう。

最近はあまりそういうことを言わなくなった。高く評価されるのは、料理人の個性であり、その店でしか食べられないオリジナリティのある料理だ。フランスの料理のコピーでは尊敬されないのだ。その結果として、日本の食材や味付けを生かした日本ならではのフランス料理がたくさん生まれるようになった。さらにはフランス料理から出発しながらフランス料理という枠組みそのものからも自由になって、その先の普遍的な意味での料理とは何かという哲学と取り組み始めた料理人もいる。

茶の世界で起きたのもそういうことだった。

たとえば茶道具にしても、当初は唐物至上主義とでもいうべき時代が続いた。茶の本場が中国である以上、中国産の高級茶道具が持て囃《はや》されるのは自然な成り行きではあった。けれどやがてそういう風潮に飽き足りない人々が現れる。

それがわび茶を創始した村田珠光《じゅこう》であり後継者の武野紹鷗《じょうおう》であり、さらにはその完成者とされる千利休だった。わび茶はいうなれば日本独自の茶礼だ。彼らは和物すなわち国産の道具に価値を見いだし、日本的な美意識や世界観に基づいて、茶礼を茶の湯というある種の「総合芸術」に作り替えた。

建仁寺では今も栄西の誕生日の四月二十日に四頭茶会《よつがしらちゃかい》という茶会を催している。その茶会では亭主役の僧侶が清瓶（湯をそそぐ瓶）のそそぎ口の先になんと茶筅の根本を差して運び、立ったまま腰をかがめて客の茶を点てる。我々の知っている茶の作法とはあまりにも異なっていて驚かされるが、それは逆に言えば茶道がどれだけ茶礼から遠く隔たったかということでもある。

身も蓋もないことを言えば、要するに茶の淹れ方飲み方だ。

それをどんなに突き詰めようと、どれだけ洗練させようと、それは茶を飲むための手段でしかない、はずだ。

はずなのだけれど、日本の文化では、それが必ずしもそうとは言い切れない。

手段を目的と取り違えるのは、基本的には間違った態度、本末転倒だ。けれど、この日本では、手段に過ぎないものに徹底的に向き合うことで、いつしかその手段が究極の目的とでもいうしかないものに変容するということがしばしば起きる。単なる技術が、人生をかけて追い求める価値のある「道」へと変容する。

剣道、柔道、弓道、華道、書道……と日本には昔からたくさんの「道」があるし、「道」をつければどんな技術でも職業でもなんだかそれらしい意味を持ち始める。野球道、教師道、商人道、職人道……。

それはとても日本人好みの感覚で、日本人の職業倫理が高いとされるひとつの理由にもなっている。たとえばマックス・ウェーバーは『プロテスタンティズムの倫理と資本主義の精神』で、プロテスタントの倫理感から生じた合理的禁欲主義が資本主義を支える精神となったと論じた。同じ意味で、日本では手段に過ぎないものを目的化してそこに「道」を見いだすという精神の傾向が、日本の近代資本主義を根底で支える職業意識を形成した。「道」という概念は、これも中国から輸入されたものではあるけれど、やはりいつしか日本独自の「道」という概念に作り替えられた。

「道」という本来は目的地へ辿り着くためのプロセスであり手段でしかないものを、人生の目的そのものと見なす精神的風土が日本にはある。

これは私の想像だけれど、そういう精神的傾向が生じたのは、栄西が日本に伝えた禅の影響を受け、珠光から利休にいたる人々が、茶礼を茶道へと昇華させていったこの時代に始まった出来事なのではなかろうか。珠光も紹鷗も利休も、臨済宗大徳寺派の大徳寺で熱心に参禅した人々でもあった。

先ほど茶礼の「国風化」と書いたけれど、だからそういう意味では、それは単なる日本風のアレンジというような話ではない。単なる茶の淹れ方飲み方を、彼らは人がその生涯をかけて歩き続ける価値のある「道」へと高めたのだ。

そして茶道が生まれた。利休の時代にはまだ茶道という言葉はなかったらしく、利休はそれを数寄道と呼んだらしいけれど。

そういうものを適確に表現する言葉が存在しないので、現代の我々は「総合芸術」などと呼んだりもするが、本来はもっと深い奥行きと構造を持った、まさに「道」とでも表現するしかないものを、しつこいけれど単なる茶の淹れ方飲み方から彼らは創造した。それが「国風化」の中身だ。

「唐物至上主義を脱して和物に価値を見いだした」ということの意味も、その文脈で考えれば深い。

豊臣秀吉が利休に「死を賜った」理由については、古くからいろいろな説がある。そのひとつが売僧《まいす》説だ。秀吉は利休を売僧と断じた。売僧とは禅宗の言葉で、金儲けに走る似非《えせ》坊主のこと。利休がその地位と名声を利用し価値のない道具に破格の値をつけて私腹を肥やしていることに我慢がならず、死を命じたというのだ。

その説の真偽はともかく、そこに利休が命を賭けたことは間違いない事実だ。秀吉の言う価値のない道具とは、たとえば利休が長次郎《ちょうじろう》に作らせた茶器、つまり国産の楽茶碗だ。今やそれは国宝だけれど、その時代は京都の土を焼いただけの陶器だ。

そんな「粗末な」道具を、一国が買えるほどの価値ある唐物名物と並べたことに秀吉は腹を立てた。それは利休の創意工夫を国の価値と並べることだから。けれど利休はそこに自らの存在を賭けていた。秀吉は利休が詫《わ》びれば、許すつもりだったという話もある。けれど、利休はそれをしなかった。秀吉に詫びるのは、自分が信じて歩む「道」を否定するのと同じことだったから。だからこそ彼は従容として自刃したのだろう。

「堤る我得具足の一太刀（ひっさぐる　わがえぐそくのひとたち）
今此時ぞ天に抛（いまこのときぞ　てんになげうつ）」

という利休の辞世の句はそういうことを言っているのだと思う。

利休は自らの死によって茶道を完成させたともいえる。

もしもそこで詫びを入れ、権力者に阿《おもね》って「道」を曲げていたら、はたしてその後の茶人たちはあれほど熱心に彼の茶の湯を伝えただろうか。

もちろんすべての物事には良い面と悪い面がある。もし利休の茶の湯が後の世に伝わらなかったら、あるいは現代の茶人はバーミックスで茶を点てていたかもしれない。

それは必ずしも悪いことではないはずだ。

……………。

はずだ、などと歯切れが悪くなるのは、私自身も心のどこかでそういうことに抵抗を感じている証拠だ。けれど、コーヒーをコーヒーメーカーで淹れることには微塵の躊躇《ちゅうちょ》もないのに、なぜ私はバーミックスで抹茶を点てるなんてことを、今この原稿を書くまで（！）考えもしなかったのだろう。

念のために申し添えておくけれど、私はいかなる流派の茶道も習ったことはない。抹茶は好きで自宅でもよく飲む。もちろん自分で点てるのだが、濃茶も薄茶も自己流だ。薄茶については子どもの頃、母親がよく点ててくれていたのをなんとなく見よう見まねでやっている。濃茶の点て方はYouTubeで憶えた。だから、利休さんにはもちろん現在の表千家さんにも裏千家さんにも武者小路千家さんにも、あるいはその他のあまたある茶道の流派の方々にも、何の義理も遠慮もない。

それでもやはりバーミックスには……いや、別にバーミックスでなくても泡立て器でもブレンダーでも何でもいいのだけれど、とにかく機械で抹茶を点てるなどという考えには抵抗を感じる。何かを冒瀆《ぼうとく》するような気分にさえなる。

それは、なぜか。

つまりそれだけ、利休の茶の湯の影響が大きかったということだと思う。利休の茶道が抹茶の点て方飲み方を、茶筅と茶碗というひとつだけの選択肢に固定してしまったという側面があることは否定できない。

けれど、それが実際に安土桃山時代の終わりに起きたことであり、そういう意味で利休とその支持者たちは、その後の日本の文化の型を決めた。

こうして、茶道は日本の文化の底流を脈々と流れることになる。

さて、この茶礼の「国風化」と並行して、栽培される茶そのものも日本独自の進化を遂げる。

その舞台もまた京都だった。

京都が茶を進化させた

宇治の茶が天下一になったのは巨椋池《おぐらいけ》があったからだと教えてくれたのは、京都府茶協同組合の戸塚浩司さんだ。

宇治で茶の栽培が始まったのは鎌倉時代、栄西の茶種を譲り受け栂尾に茶園を作った明《みょう》恵《え》上人がこの地に初めて茶を植えたという。茶の生育に適した土地で、室町時代には足利義満の庇護を受けて本家の栂尾を凌《しの》ぎ天下一と評されるようになる。

巨椋池は京都の南にかつて存在した巨大な淡水湖だ。秀吉の伏見城築城にともなう治水事業を契機として縮小化が進み一九四〇年代の干拓事業により消失したが、その昔は京都盆地で最大の湖であり、葦《あし》の群生地でもあった。

「葦を大量に確保できたから、宇治の茶は他の産地には真似できないくらいおいしくなった。今も宇治で最高級のお茶の栽培には葦が欠かせないんですよ。巨椋池が埋め立てられて葦の群生地も消えたので、現代では琵琶湖からトラックで運んでいますが」

戸塚さんはそう語る。

大量の葦が必要なのは、宇治で発達した覆下《おおいした》栽培という特殊な茶の栽培法のためだ。

覆下栽培とは、文字通り覆いの下で茶を育てる栽培法だ。

具体的には毎年四月上旬の茶の新芽が芽吹く時期に、茶園全体に材木と竹を使って棚を作り、棚を葦で作った簀《す》の子で覆いさらに藁《わら》を載せその下で茶を育てる。太陽光を遮断するのが目的で、約三週間にわたって最終的には九十五パーセントの太陽光を遮った薄暗い茶園で茶の新芽は育つ。

そうやって育てた先端の新芽と、その下の二枚の柔らかな葉だけを人が手でひとつひとつ摘み取って碾茶は作られる。現代では茶摘みも機械の使用が主流になっているが、覆下栽培された最上級の茶は今も昔ながらの手摘みによって収穫される。

覆下栽培も手摘みも手間と時間と労力がかかることは、改めて説明するまでもない。それでも非効率的な栽培法と収穫を続けているのは、この昔ながらの方法で生産された茶が段違いにおいしくなるからだ。

宇治で覆下栽培が工夫されたのは室町時代といわれている。

茶園に覆いをかけるのは、本来は春先の遅霜対策だったらしい。遅霜の被害を防ぐために覆いをするのは、他の農作物の栽培でもよく行われる。

利休が信長の茶堂となった頃に来日したイエズス会士ジョアン・ロドリゲスは、宇治で覆下栽培を視察し「新芽が霜にあたって害を受けないように、葦と藁で覆いをして茶を育てている」と書き記している。

もっともこの時代にはすでに、覆下栽培は霜対策というよりも上質な茶葉を育てるための栽培法として認識されていたようだ。

茶の主な旨味成分は、テアニンというアミノ酸の一種だ。テアニンは根で作られて葉に運ばれるのだが、太陽光が当たるとカテキンに変化する。カテキンは強い抗酸化作用のあるポリフェノールの一種で、太陽光線によって生じる活性酸素から茶の葉を保護する役割を果たしている。

人はこのカテキンを苦味として感じる。

覆いをかけ太陽光を遮って育てると、テアニンからカテキンへの変化が妨げられて、旨味成分が豊富で苦味の少ない茶になるというわけだ。

もちろん当時の人が、そういう知識を持っていたわけではない。けれどそれ以前から川霧の発生しやすい土地や、山間部で栽培された茶は旨いとされていた。新芽の時期に日照時間が少ないことと、茶の旨味に相関関係があることは経験的に知られていたのだ。

覆下栽培に必要な葦の群生地であったことに加えて、巨椋池は宇治での茶の栽培にもうひとつ大きな役割を果たしたと前述の戸塚氏は語る。

「巨椋池の向こうは伏見なので、船を使って京都から上質な窒素肥料を大量に輸送することができたんです」

当時の代表的な窒素肥料とは下肥と菜種油粕《なたねあぶらかす》で、人口の多い都はその両方の「大産地」

でもあった。菜種油は灯明油として都市生活には欠かせないものだったし、栄養状態の良い都の公家や裕福な商人の家庭から回収される下肥は良質な窒素肥料となった。

茶の木が根から吸収した窒素分はテアニンとして葉に蓄えられる。つまり良質な窒素肥料を与えられて育てられた茶葉は、旨味成分のテアニンを豊富に含むことになる。

巨椋池は葦の群生地であり、都からの窒素肥料の水運の要でもあった。この二つの条件が、宇治の茶を天下一の地位に押し上げたというわけだ。

すでに述べたことだけれど、この時代にはまだ現代のような煎茶も玉露も存在していない。だからここでいう宇治の茶とは碾茶であり、その碾茶を碾いた抹茶のことだ。

その抹茶を点てて飲む茶礼は栄西が中国から伝えたものだけれど、そういうわけで覆下栽培が行われるようになった室町時代以降、茶の湯で使われる日本の抹茶は、栄西の時代のものとは質的にもかなり違ったものになっていた。

窒素肥料を与え覆下栽培をしたテアニンの濃厚な茶には豊かな旨味がある。それは露地栽培されたカテキン成分の多い栄西の時代の茶とは別物だ。

利休の茶の湯は、この上質な宇治の茶があってはじめて成立した。

ちなみにテアニンを摂取すると、脳内でアルファ波が顕著に発生することが最近の研究で証明されている。アルファ波は人が深いリラックス状態にあるときの脳波だ。殺伐としたこの時代の武将たちが、茶の湯に淫するごとくだった理由の一端はテアニンの作用にあったのかもしれない。

ジョアン・ロドリゲスだけでなく、信長も秀吉も宇治の茶摘み見物に出かけたという記録が残っている。単なる見物ではない。たとえば信長はこのとき、茶師の森氏を御茶頭取に任じた。秀吉も上林氏を御茶頭取に取り立てている。目的はもちろん宇治支配だ。

彼らは天下統一の過程で港や金山銀山など国内の重要な経済拠点に税を課して、支配体制に組み込んでいった。熱心に茶道具の名物狩りをした信長や秀吉が、肝心の茶に関しても国内最高の産地を自らの手中にしたのは当然のことではある。

けれど、天下人である彼らがわざわざ宇治まで出向いたのは、そういう政治的な理由だけではなかったはずだ。

まず茶園そのものが夢のように美しい。端正に刈り込まれた濃緑の茶の木の列は緩やかな斜面に沿って何段も何段も見渡す限り続き、幾何学模様で構成された非現実的な絵画の中に紛れ込んだような錯覚に囚われる。

茶摘みの時期、茶園にはまだ覆いがかけられていたはずだ。茶の木の間に収穫の女たちが並び、規則正しいリズムで茶摘みをしていく。柔らかな新芽の先端部分の一芯二葉のみを正確に摘み取る熟練の手業に、天下人たちも魅入られたのではないか。

好奇心の強い彼らは、茶の木が都の庭園の樹木のごとく精緻に刈り込まれているのはなぜか、どんな肥料をどれくらい施しているか、あるいは茶園を覆う棚や葦について、付き従う茶師に詳しく問いただしたことだろう。なにしろ利休をはじめとする茶堂たちの練り上げる濃緑の宝玉のごとき茶は、すべてこの宇治の茶園から生まれたものなのだ。

宇治の茶摘みは、天下人にとっても一見の価値ある見物だったに違いない。

天下人が目を凝らして見つめていたのは、宇治で産する茶を茶人たちが愛でる理由であり、言葉を換えればそれは高度に発達した農業技術というひとつの文明だった。

宇治の茶が他に抜きんでておいしくなったのは、葦と窒素肥料だけが理由ではない。実を言えば、もっと決定的に重要な条件が宇治にはあった。

それは都の存在だ。

そこに都があったから、茶は旨くなった。

「京都」が茶を進化させたのだ。

身も蓋もないことを言えば、金に糸目をつけずとにかく上質な茶を求める都の人々がすぐそばにいたからこそ、宇治の茶の質は劇的に向上した。

そして彼らは途轍《とてつ》もない贅沢をした。

覆下栽培という莫大《ばくだい》な労力を要する栽培を行い、しかも使うのは枝先に芽吹いたほんの数枚の茶葉だけなのだ。

ロドリゲスは上級の碾茶一壺は金一枚以上の価値があると記している。

けれど、その黄金の価値を持つ碾茶には、春先の新芽の数枚が使われるだけだ。

それ以外の茶の葉はどうなるのか。

最終工程で煙の匂いをつける

さて、ここでようやく本題の京番茶の話ができる（若干の説明と言いながら話が長くなってスミマセン）。

茶摘みが終われば、覆いを外して茶の木に光を当てる。

初夏の日射しの中で、茶は本格的な成長を始める。根から運ばれた甘いテアニンは太陽光線をたっぷりと浴びてカテキンに変わり、茶の葉は苦味を増していく。もちろんそういう葉は碾茶にはならない。

来年の新芽の収穫のために、宇治の茶園では一年に二回春と秋に整枝という作業が行われる。伸びた枝葉を刈り取って、茶の木を整える作業だ。

このとき刈った茎や小枝まで混じった硬い茶葉から作られるのが、京番茶なのだ。

製法は茶園によっても微妙に違う。まず、刈り取った茶葉や枝を蒸すかあるいはそのまま天日干しにする。次に、高温の釜や熱した鉄板の上で炒る。共通するのはこの茶葉を炒る工程だ。

この最後の焙煎の工程で生じる大量の煙が、京番茶の強い煙の匂いの理由だ。作業場には人の姿が見えないほどの煙が充満するという。

ちなみに、現在の宇治で作られている京番茶の多くは碾茶ではなく玉露にする茶の木を整枝した際の茶葉から作られている。

玉露の製法は幕末期に完成するのだけれど、それを契機に宇治の茶園で作られていた碾茶のかなりの割合が玉露に切り替えられた。

覆下栽培が許されていたのは宇治だけだったから、全国で使われる碾茶は宇治で作られていた。その主要な顧客は幕府や全国の大名家だった。江戸幕府の終焉《しゅうえん》とともに宇治はそれら最大の顧客を失い、碾茶の需要は激減する。

この危機を救ったのが玉露だった。

玉露は碾茶にする茶葉を煎茶の製法と同じように揉《も》んで撚りをかけたものだ。茶葉の育成は碾茶と同じ覆下栽培で、やはり同じように春先の新芽の数枚だけを使う。碾茶から玉露への転換はそれほど難しいことではなかったのだ。

玉露も碾茶と同様に栽培に極めて手間がかかる高価な茶だ。特にその最上級品は葦や藁で覆いをかける昔とほとんど変わらない方法で栽培され、手作業で春先の新芽だけが摘み取られる。茶の木から生える茶葉のほんの一握りの新芽しか玉露にはならないのだ。

その玉露にはならない大量の葉が、現代の京番茶になるというわけだ。

整枝は春と秋の二回行われると書いたけれど、春の整枝では冬にたっぷりと肥料を施された茶葉が収穫される。旨味が乗っているので、この春整枝の京番茶の方がおいしいといわれている。

なぜ煙の匂いを好むのか?

つまり京番茶は、碾茶や抹茶の副産物なのだ。

碾茶も玉露も日常の茶ではない。

一椀の茶を楽しむために、懐石という特別な料理の形式まで工夫してしまった。メインは茶で、料理は添え物なのだ。こんな飲み物は、世界中探しても見あたらない。

そして旨味の塊のような玉露。特に上質な玉露は、旨味成分が過剰なほどに含まれていて、お猪口《ちよこ》一杯ほどの量で身も心も満たされる。

どちらも栄西から利休の時代を経て現代にいたる、長い茶道の歴史で培われた茶の栽培技術の進歩の結晶であり、京都という町が生んだ文化のひとつともいえる。

そういう京都の町で日常的に飲まれているのが、その副産物の京番茶なのはある意味で自然なことではあるのだろう。

けれどやはり気になるのは、その強い煙の香りだ。

煙の匂いはその製造工程に理由があるわけだけれど、人の姿が見えなくなるほど煙を上げなくても番茶はできる。茶葉が焦げるほどの強火で焙煎するのは、煙の匂いを十分に茶葉につけるためなのだ。

煙の匂いが好まれているのだ。

なぜ京都の人は煙の匂いを好むのか。

そう書けば、一定の年齢以上の人は思い当たることがあるかもしれない。


茶が日本に伝来して以来の話を長々と書いてきたけれど、実はまったく触れなかったことがある。庶民の茶の話だ。

碾茶すなわち抹茶は、侘《わ》びだ寂《さ》びだとはいっても所詮は上流階級の茶だ。日本における茶の歴史といえば、普通はその上流階級の茶の話に終始する。なんといってもそれは日本文化の基礎ともいうべき茶道につながる歴史だし、記録も残されている。

けれど茶は上流階級だけの飲み物ではなかった。

日葡辞書に「上等のでない普通の茶」としてBanchaという言葉が収録されていることを最初の章に書いたけれど、それがつまり当時の庶民の飲んでいた番茶だ。

庶民の茶であったがゆえに、番茶については詳しい記録がほとんど残っていない。文字を書き残せる階級の人々の関心は、もっぱら「上等の茶」つまり抹茶にあったからだ。例外は日本を訪れた宣教師たちで、彼らはこの異文化圏にキリスト教を根づかせる必要性もあって、日本の庶民の暮らしについてもかなり詳細な記録を残している。

中村羊一郎の『番茶の民俗学的研究』によれば、宇治の茶摘みを見物した前述のイエズス会士ロドリゲスの書いた『日本教会史』の中に、こういう記述がある。

「抹茶に用いられる茶は国内の特定の土地にわずかしかないのに対して、庶民が使う下等なものは国中いたるところにある」

茶の栽培は日本中で行われていたわけだ。ロドリゲスはさらに、地方の下層の人々や農民は中国から伝わった昔ながらの方法で茶を煮出して飲んでいる、とも書いている。煮出して飲むという、抹茶とは別の庶民の茶の飲み方があったのだ。

現代の日本で普通の茶といえば煎茶だけれど、この煎茶の製法は江戸時代の中期に宇治の永谷宗円が十五年の歳月をかけて完成させたものだ。

この新しい製茶法は茶が緑色に仕上がるので、青製煎茶製法と呼ばれた。ポイントは、茶葉を「揉む」工程を加えたこと。蒸したり煮たりした茶葉を揉みながら乾燥させ、茶葉に撚りをかけるのだ。こうしてできた煎茶は、茶葉の鮮やかな緑色をそのまま残し、湯に浸すだけで茶の成分が湯に浸出する。湯をそそぐだけで飲めるので、だし茶とも呼ばれた。

宗円はこの煎茶を携えて江戸に下り、山本嘉兵衛に販売を委託する。こうして全国に宇治の煎茶が広まることになる。余談だが、永谷宗円は『永谷園』の、そして山本嘉兵衛は『山本山』の家祖だ。

つまり急須に茶葉を入れ湯をそそいで飲むようになったのは、江戸中期以降なのだ。もうひとつ言えば、庶民が普通に飲む茶の色が緑色になったのはこのときからだ。それ以前はどうしていたかというと、ロドリゲスが書き残したように煮出して飲むのが普通だった。この煎茶以前の煮出して飲んでいた茶が、つまり「地方の下層の人々や農民が飲んでいた」茶色の番茶だ。

もっとも「番茶」という一種類の茶があったわけではない。現在の定義での「番茶」は低級品の煎茶を意味するが、かつては日本各地の茶の産地にそれぞれ微妙に製法の違う番茶があった。

宗円は煎茶の製法を独占しなかったので全国に煎茶が普及し、この古いタイプの番茶は姿を消していく。ただその痕跡として今も独特の番茶を作っている地域がいくつか残っていて、昔ながらの番茶が少量ではあるが生産されている。

京番茶はその数少ない例外なのだ。

他の地域では飲まれなくなったのに、京都では多くの人が今も番茶を飲み続けているというわけだ。それはいったいなぜなのか。

その答えの鍵になるのが「焼き茶」だ。茶を枝ごと折り取り、直火で焼いて煮出して飲むという極めて素朴な茶の飲み方だ。焼き茶には茶園で栽培されている茶ではなく、山や田畑の畦道《あぜみち》などになかば自生しているような茶の木が使われた。そういうなかば「自生の茶」は日本各地に見られ、前述の『番茶の民俗学的研究』によれば茶の木の自生している土地なら焼き茶はどこでも行われていた。

宇治にも畦畔《けいはん》茶園と呼ばれるものがあった。本格的な茶園ではなく、田畑の畦道などになかば自生していた茶を農家が自家製的に加工して番茶にしていたのだ。商業ベースには乗らない小規模生産だが多少は流通していて、前述の戸塚氏によればどこそこの番茶が旨いのだが手に入らないかという問い合わせの電話が近年まであったそうだ。畦畔茶園で作られていたのも、もちろん煙の匂いの強い京番茶だった。

中村は「茶にその煙臭をつけることは、もしかしたら過去の焼き茶につながるものではないかとも考えられる。飲茶の前に焙炉などで軽く炒ることで炒り香をつけることも、釜炒り茶の影響というよりも、むしろ焦げる臭いに対する愛着のせいではなかろうか」と指摘している。

京番茶はこの焼き茶の系譜に連なるものだろう。

日本各地で飲まれていた素朴な焼き茶の末裔《まつえい》が、今も京都では好まれている。考えてみれば、山椒もそうだった。縄文時代の香辛料といえば山椒で、だから各地で山椒は使われていたわけだけれど、その山椒への偏愛を現在も濃厚に残しているのもまた京都なのだ。

高度に洗練された料理や茶の文化の揺籃《ようらん》の地である京都に暮らす人々が、その一方で他の地域ではほとんど忘れられつつある古い時代の嗜好や食文化を今も頑《かたく》なに守っているというわけだ。

彼らが煙の匂いに執着するのは、それが古い暮らしの匂いだからだ。

竈に薪《まき》をくべて飯を炊き、風呂の湯を沸かし、七輪で魚を焼き、火鉢に炭を熾《お》こして暖を取り、たき火をして落ち葉を燃やしていたのは、そう遠い昔のことではない。

私も憶えがあるけれど、昔の田舎には竈も残っていたし、風呂を沸かすのに薪を使う家もまだあった。夕暮れ時にそういう家々から立ちのぼる煙の匂いを嗅ぐと、お腹の虫が鳴ったものだ。

土間に竈のある京都の家屋には、煙の匂いがつきものだったはずだ。そういう生活を人は何千年も続けてきたのだ。煙の匂いは人の暮らしの匂いだった。

煙の匂いへの嗜好は京番茶として今もこの町に残り、家庭内から裸火がほとんど消えようとしている今も、親から子へとその嗜好は受け継がれている。暦に合わせて行事食を作り、毎月決まった日に「おきまり料理」を食べるのと、同じ心だろう。

今も京番茶が京都で好まれているのは、彼らが古い世代の暮らしの記憶を次の世代に伝えているということの証《あか》しでもある。

それこそが京都の町の強靭さの源泉だと私は思う。

文化は両刃《もろは》の剣《つるぎ》だからだ。

文化は人の生活の質を向上させる手段だけれど、しばしば自己目的化して人に退廃をもたらす。千二百年も続いた京都の文化が退廃に向かわないのは、文化を洗練させながらも京都の人々が自分たちの暮らしの根源を忘れないからなのだ。

第五章　そうだ「京都」を見倣おう！

酔ってくだを巻けない酒場

なんだかんだいって、京都は居心地がいい。

いや、もちろんそれは私がこの町ではお客さんであり、この町に暮らしているワケではないからなのはわかっている。

客である限り、居心地がいい町だというべきかもしれない。

それは、京都の町のホスピタリティのレベルが高いからだ。この町を歩いていると、あちこちで洗練されたホスピタリティに出会う。

この町には、もてなし上手な人が多い。

けれど、それはなぜなのか？

新京極のアーケード街に『京極スタンド』という……ちょっと形容が難しいのだけれど、昭和の濃厚な匂い漂う、大衆酒場と定食屋と昔のスタンドバーを足して三で割ったような素敵な店がある。

このタイプの店は京都でも珍しいので、そういう意味では京都の典型例ではないのかもしれないけれど、それでもやっぱりそこにはとても京都的な空間が広がっている。

鰻の寝床というほどではないけれど、間口よりも奥行きがはるかに深い店内を見渡してまず目につくのはやたらと長い幅六十センチほどの狭い大理石のカウンターだ。カウンターといえば内側に店の人が立つものと相場が決まっているけれどここは違う。本来は店の人が入る内側にもスツールが並んでいて客と客が向かい合って座る。

だからそういう意味ではカウンターというよりも長テーブルと呼ぶべきなのだろうけれど、どう見てもそれはカウンターだ。

実際、この店が開店したときは壁沿いにぐるりとU字型のカウンターがあって、その内側で店の人が客に給仕するというスタイルだったらしい。それからしばらくしてテーブル席を入れるためにこのU字の三分の二のJ字部分を撤去した。そのときに残ったI字部分のカウンターの内側にも客席を入れて、現在の形になった。

このカウンターが、店の「顔」になっている。

おそらくは、意図的にそうしたのだろうと思う。

なにしろ幅六十センチなので、向かい合って座る客の間がかなり近い。同じグループの客がカウンターを挟んで座ることもあるけれど、そうじゃないこともけっこう多い。

つまり見知らぬ客同士がその距離で相席になる。店の人は一応「相席いいですか」と聞いてはくれるのだけれど、いつも混雑している店なので、ここで飲んだり食べたりしたければ相席が当たり前と考えておいた方がいい。食事だけの人と酒飲みが相席になる。

面白いのはこの客と客の微妙な距離が、『京極スタンド』の独特の雰囲気を作り上げているというところだ。店に入ってまず感じるのは、なんだかどの客も楽しげだということ。「この店の主役は客であって料理ではない」という先代からのポリシーで、店の壁には和洋中各種の「肩の凝らない家庭料理の延長」のメニューがずらりと貼られている。

京都名物のきずしあり柳川鍋ありビフカツあり焼売あり焼きビーフンあり、定食も各種揃うという具合だ。けれどそこはさすがに京都の食堂で、どの料理も手際よく丁寧に作られていて旨い。旨い料理を食べれば、人は自然にほがらかになる。

客がこの店に来る理由はさまざまで、だからそれぞれの客は当たり前だけどそれぞれ好きな料理を注文し、それぞれ好きに飲んだり食べたりしている。

昼間からオジサンが鰻ざくを肴《さかな》に日本酒をちびちびすすっている隣で、女子高生が並んでオムレツを食べているかと思えば、壁のメニューを指さして何やら相談する中高年の観光客らしき夫婦がいて、その向こうではいつの間にか客同士が仲良くなって互いの料理を勧め合ったり乾杯していたりする。

年齢層も客層も目的もばらばらなのだが、客の間が近いのでそのばらばらがいい具合につながって、この店のなんともいえない不思議な居心地の良さを醸し出している。押しつけがましくない一体感とでも言えばいいか、店の人は水を向ければいろんな話をしてもくれるし、好きなだけ放っておいてもくれる。私はもっぱらひとりで行くのだけれどよほど暇そうに見えるのか、たいてい地元のオジサンに声をかけられる。

「お兄さん（兄ちゃんという年齢はとっくに過ぎているのに）、どこから？」

「東京です」

「東京かあ。懐かしいなあ。僕も若い頃……」

荻窪に住んでいたとか小岩にいたとか、東京も変わったやろなあというような話がひとしきり続いて、それからこの店が昔からいかに変わっていないか、あるいは変わったか（どちらの話になるかはたぶん話し手の気分次第だ）という話から、そうはいっても昼間から誰にも気兼ねなく酒を飲むにはこの店がいちばんだという話になり、それから「ところでお兄さん、何してはる人ですか？」という、おそらくはこの会話のそもそもの目的の質問が投げかけられ、その後は成り行き次第でさまざまな方向に話が進んでいく。

これが大阪だと話の盛り上がり次第で、「よしもう一軒行こか！」となって、どこの誰かもよくわからないオジサン同士が一軒どころか何軒もはしご酒をしてしまったりすることも珍しくないのだが、京都ではまずそういうことにはならない。ひとり客が手持ち無沙汰にしていたら、常連客が話しかけるのが一種のマナーと考えている（らしい）のは京都も大阪も同じだけれど、それ以上には踏み込まないのが京都の人で、大阪と京都の人と人の距離感の違いが見えて面白かったりするのだけれど……まあ、それは本題ではない。

とにかくそういう感じの混沌《こんとん》とした店内で、店員の京都のおばちゃんたちが酒を運んだり、料理の注文に応えたり、席を詰めて新規の客を迎えたりしている。その動きが淀みなく、きびきびとしたリズムになって、カオスに傾きがちな店内の空気を誰にも気づかれることなく引き締めている。だから昼から心置きなく飲める店であるにもかかわらず、たぶん（試したことはないが）この店で酔ってくだを巻くのは難しいはずだ。

酔客が集まる店なのに、きりっとしている。

それもある種のホスピタリティだ。

上七軒ビアガーデンの愉悦

京都のホスピタリティの象徴といえば、なんといっても花街だ。

その花街のアイドルともいうべき舞妓は平成の今や本物のアイドルで、祇園あたりを歩いていて人だかりがしているなと思うと、その中心にはほぼ百パーセント舞妓がいる。人だかりには重装備のカメラを構えた外国人がかなりの割合で含まれていて、最初はプロかと思ったが動きを見ているとそうでもない。髪の色が違うだけで、日本原産のカメラ小僧の海外普及版らしい。

舞妓は今や歩く観光名所だ。

けれど何十台のカメラに囲まれていようと、彼女たちの表情には微塵の緊張もない。微笑みは自然で、仕草はどこまでも「たおやか」だ。

幕末の薩長とか会津とか新撰組とか、この町を通り過ぎていった物騒な人々をそれこそ「はんなり」と受け入れ、受け流してきた彼女たちの先輩たちのことを考えれば、それくらいは朝飯前なのだろう。

人混みの頭越しでも、彼女たちのプロフェッショナリズムを垣間見ることはできる。

彼女たちの真価に触れるには、やはりお茶屋だけれどこれはなかなか覚悟が要る。

花街のシステムは、この国に民主主義的な商習慣が導入されるずっと以前に構築されたものだから、本質的に誰でもどうぞという構造になっていない。

長い時間をかけたつきあいがあってはじめてその醍醐味が味わえたり、場合によっては味わえなかったりするわけで、生半可に足を踏み入れても表面を撫《な》でるだけで終わってしまう可能性が極めて高い。

表面に触れるだけなら、もっと居心地のいい場所がある。

上七軒《かみしちけん》のビアガーデンだ。

上七軒は京都で最も歴史の古い花街だ。

秀吉が吉野で大茶会を催して京都中の老若男女に茶をふるまったとき、上七軒の茶屋が団子を献上して秀吉を喜ばせたなんていう話も残っている。茶屋だから団子なのだろうけれど、ということは当時の茶屋は文字通りの茶屋に近いものだったのだ。

今でいえばカフェだ。そのカフェの茶や団子を給仕する係として若い女性を雇うことを最初に思いついたのが誰だったのか、おそらくはその最初の一軒の周囲の店もすぐに真似を始めたことだろう。

こればかりは真似の嫌いな京都の人も、お構いなしだったに違いない。なにしろ客の入りが違う。やがてそれは競争になり、茶よりもその女性たちを目当てに通う客も増え、茶屋の方でも茶や団子だけでなく酒や料理を出すようになり、さらには女性たちも給仕だけでなく舞や謡《うたい》を披露するようになり……。

分業制の発達した都では、ひとつの産業の繁栄は周辺にいくつもの仕事を生む。茶屋は料理を専門の仕出し業者に任せ、人材派遣つまり女性たちの調達と育成をまた別の専門業者に委託し、現在のような花街の構造が出現する。

当時のことだから支払いは盆暮れの二度払いが通常で、だから今もそこではお互いを知った者同士の間でのみ成立する昔ながらの意味での「信用経済」が行われている。それゆえに部外者には閉鎖的に見えるわけだ。もっとも昨今は、この世界にも新しい風が吹き始めているという話も聞くけれど。

そういうわけで一般人には垣間見るのが難しい秘密の花園の一端を、誰にでも鷹揚に披露してくれるのが上七軒のビアガーデンだ。

毎年七月に入ると、上七軒の歌舞練場が開放されてビアガーデンになる。

オジサンを手の平で転がす少女

空気までがきりっと引き締まって感じられるのは、こちらの思い入れのせいもあるのだろうけれど、やはり室礼《しつらい》の完成度の高さゆえだろう。

歌舞練場内のサロンや中の間、欄干、日本庭園などさまざまな場所に席が設けられ、ビアガーデンの会場になっている。その整え方に隙がないのだ。テーブルも椅子も、想像上の縦横の直線にピシッと揃って並べられている。隅々にまで掃除が行き届き、空気中にさえ埃《ほこり》の一粒も残ってはいないのではないかと思わせる。

そういう空間に迎え入れるのが京都のもてなし方の原則で、それはお茶屋に限らず宿でも料理屋でもどこでもそうなのだけれど、日本的なミニマリズムによって清浄に整えられた場がもたらす独特の高揚感がある。役者が登場する前の誰もいない檜《ひのき》の舞台、亭主が現れる前の茶室、あるいは拭き清められた一枚の白木のまな板のような。

いやもちろんそうはいってもビアガーデンだから、膝を揃えて座らなきゃいけないような堅苦しさはなくて、テーブルにはビールのジョッキと何品かのつまみが載っていて、冷えたビールでゴクゴクと喉を鳴らしていると、ふわりと良い匂いがして見上げるとテーブルの側に舞妓が立って微笑んでいる。

舞妓ではあるが浴衣姿で薄化粧なので、祇園の路地で見かけるときよりも初々しい。初々しいのは当たり前で、舞妓は芸妓の見習いでつまりあの日本髪と振り袖の中身は十代の娘さんなのだ。その舞妓と先輩格の芸妓が客の席を回って挨拶をし、言葉を交わすのが上七軒のビアガーデンならではのもてなしということになっている。

正直に言えば、そういう話を聞いていたので、上七軒にビアガーデンがあることは知っていたけれど、長い間足が向かなかった。間が持てないと思ったのだ。

若い頃アイドルのインタビューをしたことがあって、そのときのトラウマのせいもあったかもしれない。彼女が最近ハマっているとかいうイチゴのパフェか何かの話で、一時間もの取材時間を持たせなければならなかった。十代の少女に目の前に立たれて、いったい何を話せばいいのだろう。

けれどその心配は杞憂《きゆう》というものだった。いや、話した内容はよく憶えていない。芸事の稽古の話とか、髪を結っているので硬い木の枕で寝るのが大変だとか、舞妓は地方の出身者が多いと言われているけれど近頃はそうでもないとか、たぶんそういう話だ。

まあ彼女にしてみれば、そういう今までに何度も観光客との間に繰り返された話をしていたには違いないけれど、そんな様子は髪の一筋ほども見せなかった。相手の話によく耳を傾け、意外にはっきりと自分の考えを話す。上辺だけの会話になるとばかり思っていたけれど、まったくそんなことはなくて、ほがらかで人間的な時間が流れていった。

ふと思いついて、隣のテーブルにちらりと目をやると、そこにも別の舞妓が立っていて三人連れの男性客と話していた。席が空いていても舞妓が座ることはないので、客はどうしても見上げる形になる。そのせいもあるのだろうけれど、舞妓を見上げる初老の男たちの顔がなんだかまぶし気で少年のように輝いている。自分もきっとそういう顔をしているのだろうと思った。

十代の少女が三人のいい歳をしたオジサンたちを……なんといえばいいか、手の平で転がしていると言ったら言い過ぎだろうけれど、まあそんな感じで上手に楽しませているのだ。プロフェッショナルだなあと思う。

彼女たちはそれほど長い時間を置かずに次のテーブルへと移っていくのだけれど、その去り際も見事で、急いでいる風でもなく仕草でこちらに心を残しながら、春風が吹いていくように離れていく。何の脈絡もないけれど、武道の残心という言葉が浮かんだ。

とはいえ。彼女たちは一人前の芸妓になるべく芸事の修行は一所懸命にしているのだろうけれど、別に特にオジサンたちとの会話術とか客の心を惹きつけるもてなし方とか、そういう訓練をしているというわけではなさそうだ。

そういうことよりも、彼女たちの「接客」の秘密はその立ち位置にある。

客に対する自分の立ち位置が見事なのだ。つかず離れずと言ったらちょっと簡単過ぎるが、客をもてなす絶妙な距離にいるからこちらも安心してあの空気を楽しめたのだ。

その距離は固定したものではなく、客との関係やその場の雰囲気や話の流れで刻々と変わる。彼女たちはその変化を敏感に感じ取り、立ち位置を微妙に変えていた。そういうやりとりには面白味が生まれるから、紋切り型の会話にはならない。私があのビアガーデンを意外にも楽しんだ理由はそれだろう。

そういう教育をされているというよりも、それは花街でのいろいろと気を遣うことの多いに違いない、複雑な人間関係の中で自然に身につけたもののように感じられた。

この人と人との絶妙な距離感が、京都のホスピタリティの根っこにある。

花街や料亭は言うにおよばず料理屋でも居酒屋でも町の定食屋でも喫茶店でも、京都の町の接客業の質は高い。最高級の料亭と定食屋ではもちろん接客の内容は違う。どこまで客をもてなすかは店相応ではあるけれど、たとえそれが一杯五百円のうどんを売る店であっても素っ気ないなりの良いサービスだなと思わざるを得ないことが多い。

気配りが行き届いているのだ。ぜんぜんこちらを見ていないようでも、コップに水がなくなればすぐにそそがれるし、汗をかいていればさりげなく団扇《うちわ》が置かれる。冷たいおしぼりを一本余計に持ってきてくれたりもする。

そしてこれがいちばん大切なところなのだが、そういう気配りがつとめて自然に行われる。サービスが湿っぽくない。もてなしというものが、やりようによっては相手への心の負担になることをよくわきまえているのだろう。

ベタベタしたもてなしは野暮というもので、それは京都の人の最も嫌うことかもしれない。理想はそうと相手に気づかれないもてなしで、鈍感にも店を出た後で気づいたことが何度かあった。

見ていないようでいて客をよく見ているし、気配を察してもいる。そして客のことをよく憶えている。それは接客業の基本なのかもしれないが、その基本が京都ほど行き届いている町を私は他に知らない。

もっともそれは憶えてくれているから良いという話ではない。何回も通って話もよくしているのにいっこうに顔も名前も憶えてくれなくて、それでも毎回感動するほどおいしくて楽しい思いをさせて送り出してくれる沖縄の居酒屋もあったりして、そういう大味なもてなしもそれはそれで大好きなのだけれど。

京都的なそういう細やかな気配りは、やはりこの町の人間関係から生まれてくるものだろうと思う。千二百年続いたこの町で暮らす人にとって、周囲の人との円滑な人間関係を維持することは、魚が泳ぐのと同じくらい大切な能力であり本能のようなものだ。

そして円滑な人間関係のために、最も重要なのは相手との距離感だ。

京都の柔らかな言葉も、本音を言わないのも、やんわりとではあるが言うことはきっちり言うのも、イケズだったりするのも、この相手との距離を調整するいわば本能的な行動なのだ。

そして京都にあっては、店の人だけでなく客の側もその距離感をわきまえている。店の人も察しがいいが、客もまた店に気を遣う。京都の客はけっこうわがままを言ったりもするけれど、その範囲をわかっていて店にほんとうに迷惑になるようなことは言わない。

カウンターに座る形式の小料理屋で、隣の客が注文した料理が気になって同じ料理を頼んだけれど、隣の客の分で材料が品切れというとき、その常連客らしき人に譲られたことが一度ならずあった。

「いやいや、せっかく遠くから来はったんやからぜひ食べてください。僕はいつもこれ食べてますから」

それも私をというよりは、店を気遣ってのことだろう。

京都の客が店のことをよく察するのは、単に馴染みだからというだけでなく、その客の側も商人だったり職人だったりすることにもよるのだろう。

ここでの店と客との関係は、店を出れば逆になることも少なくない。

店も客もプロなのだ。プロ同士だから、客は店の苦労もよくわかっている。相手の手の内がわかるし、相手がわかっていることもわかるから、自然に店のサービスは行き届いたものにもなるし、客の方でもそういう店の人の努力を正しく評価する。

だから京都の客は、店を大切にする。店も客を大切にして、その客と店との関係が京都の店のホスピタリティの質の高さになっている。

旅人はいわばそのおこぼれにあずかっているわけで、それをわきまえてさえいればこの町で距離感を間違えてまごつくことはない。

一見さんお断りが気になるのは人情だけれど、そう考えればそれが砂場で隣の子の作った砂山に自分のスコップを突き刺すような行為だというのがよくわかる。

旅人がそこで足を竦《すく》ませる必要はない。

生兵法《なまびょうほう》は大怪我のもと。プロを前にしたら、四の五の言わずに相手に任せるのがいちばんなのだ。

そうはいっても、京都の気質の本質はラテン的なのだ。本人たちはどう思っているか知らないけれど、東から来た人間にはよくわかる。

「遊びをせんとや生まれけむ」の人々なのだ。

人生は楽しむためにあるということを、この町の人はよく知っている。

もてなしの繊細さは京都の人間関係が育んだものだけれど、もてなしの温かさはこの人たちの底にあるラテン気質ゆえのものだと私は思っている。

京都の店でおいしいものを食べつつ、店の人と馴染みの客の漫才のようなやりとりを聞いていると、そうはいってもこの町の人は人が好きなんだなあとしみじみ思うのだ。

地元の博徒も一目置いた肝っ玉母さん

舞妓さんたちに若干気持ちを残しながら歌舞練場を出て、北野天満宮の門前から中立売通をぶらぶらと歩くと千本通に出る。

千本通はかつての朱雀大路、都の中央を南北に貫いていたメインストリートだ。平安時代はこの道の先に御所があった。道幅は七十五メートルもあったらしい。

この千本通を北に上ると京都を代表する居酒屋がある。『神馬《しんめ》』だ。

開業は昭和九年。初代の酒谷禎一氏の時代から八十年あまり店は家族経営で、現在は三代目の酒谷直孝さんが店を切り盛りする。

西陣織が隆盛を極めていた時代、西陣で働く人々で賑《にぎ》わうこの界隈《かいわい》は東の新京極と並ぶ繁華街だった。映画館だけで八館もあり、夕暮れ時は人混みで通りを歩くのもままならなかったという。

『神馬』は人気の店で、夕方五時の営業開始直後はともかく以降はほぼ満席が続くので予約しない限り席を確保するのが難しい。けれど、昔に比べたらそんなものは序の口で、お客さんにはカウンターに半身になって斜めに座ってもらったものだと、三代目の母紀代子さんが話してくれた。「それに昔の人はよくお酒を飲みました。酒のあてもあまり食べずに、ひたすら飲む。一人五合くらい飲むのは普通でした」。日本酒が日に十斗売れたという。一斗は十升だから、一升瓶が毎日百本も売れていたのだ。

今や昔の話ではあるけれど、当時の殷賑《いんしん》は酒蔵造りの堂々としたこの店の外観に偲《しの》ばれる。正面の漆喰《しっくい》白壁に黒々とした鏝《こて》文字で『神馬』の店名が描かれている。店内には民芸品や徳利のコレクションが所狭しと飾られていて、壁には今日のお勧め料理の数々が書かれたホワイトボードがかかっている。

あまり「京都的」ではない空間なのだが、それはつまりこの店が地元の人々に長く愛された地元の店であることを物語っている。「京都」を求めてやって来る、観光客のための店ではないのだ。もっとも最近は全国的に有名になってしまったから、地元の馴染み客と遠来の客との割合は半々くらいというところだろうか。

その人気の理由は料理にある。甘鯛かぶら蒸し、鯨ハリハリ鍋、鯨さえずり、白ずいきくず引き、松茸入り鱧しゃぶ、鉄皮と白子のともあえ、にしん茄子煮、イチボのローストビーフ、ホンモロコの素焼き……。

昔ながらの居酒屋とは一線を画す、通好みの料理が季節によって二十種以上用意されている。かつて祇園にあった板前割烹の名店『いな梅』で修行を積んだ直孝さんの料理なのだが、どれを食べても旨くて唸らされる。

熱心で腕の達者な彼が確かな目で選んだ魚や野菜だけを使って料理するのだから、それも当然なのかもしれないが、そういう料理を肩の凝らない居酒屋の雰囲気の中で食べられるのがこの店のたまらない魅力でもある。客が引きも切らない理由がわかる。

魅力といえば、もうひとつある。カウンターの内側で鈍い赤銅色を放つ、この店の象徴ともいうべき銅製の燗銅壺《かんどうこ》だ。

十八本の銚子を一度につけられるというその燗銅壺の燗酒《かんざけ》は、なんと『剣菱』『菊正宗』『白菊』『黒松白鹿』など、六種類の灘の酒のブレンドなのだという。

日本酒をブレンドするなんて初めて聞いたけれど、これがきりっとした辛口でほのかに酸味が利いていていて旨い。配合は門外不出に違いないが、駄目で元々と聞いてみたら直孝さんが笑って教えてくれた。

「全部同じ量なんです。これは祖母が始めたことなんですが、お酒の売り上げに差をつけちゃ申し訳ないからって、どの銘柄も同じだけ使います」

祖母というのは初代の妻、酒谷とみさん。酔っ払いは店からつまみ出す、地元の博徒も一目置いたという豪快な、それでいて心優しい気遣いのある人で、『神馬』の繁栄を築いた肝っ玉母さんだったという……。

この店には、なんともいえない凜とした空気がある。

それは八十年前に店を始めたその肝っ玉母さんのとみと禎一の酒谷夫婦が作り上げ、家族によって受け継がれ育まれてきたものだ。

私の目にはやはりそれも、とても「京都的」なものに映る。

いろいろ感心するところはあるのだけれど、初めてこの店のカウンターに座ったときに印象に残ったのは店で働く若い女性たちだった。年格好と雰囲気からすると、女子大生のアルバイトらしい。学生の多い京都では酒場でアルバイトをする女子大生は珍しくない。

最初は特に気にも留めなかったのだけれど、そのうちその動きから目が離せなくなった。

とにかくよく働くのだ。店が忙しいということもあるのだろうが、一瞬たりとも止まらない。同僚と言葉を交わすこともない。動きに淀みがなく、いつも手が動いている。仕事を探している風はなく、どの動きもはっきり決まった目的のために行われる。誰かに指示されているわけでもないのに、自分が何をするべきかいつもわかっている。

注文を取り、料理を運び、手が空けば例の日本酒をブレンドする壺に一升瓶から酒をそそぎ、客の帰ったテーブルを片付け、客から料理や酒について尋ねられればにこやかに答える。店は奥に深い鰻の寝床で、カウンターの内側は狭くて動線はあまり良くないのだけれど、何かを運んでいるときでも、何をしているときでも、他の店員と肩がぶつかることさえない。動きにも、仕事にもまったく無駄がなくて感心した。

女子大生のアルバイトを、プロフェッショナルに育てるやり方があるのだろう。と、そのときは思った。三代続いた京都で最古の居酒屋だけに、きっと何か教育のノウハウを持っているに違いない。

ところが話を聞くと、直孝さんは「教育なんて何もしてません」と言う。仕事のやり方は、先輩のアルバイトから教わっているらしい。

「だから教育どころか、ああしてほしいとかこうしてもらいたいということも言ったことはないんです。ただ何かの都合で急に休むときは代わりの子だけは見つけておいてと、それだけは言いますけど」

それならよほどやる気のある、優秀な子を集めているということか。どうやってあんなに働き者の子を集めるのですかと重ねて聞くと、直孝さんはまたも首を横に振った。

「そんな働き手の選り好みをしていたら、ウチのような店はやっていけません。ウチで働いてくれるという子は、みなさん採用さしてもろてます。それで何か失敗したということはありませんでした」

教育はしていない。優秀な子を選んでいるわけでもない。

にもかかわらず彼女たちは、どうしてあんなに優秀なのか。


そういうことを引き起こす力があるとしたら、おそらくそれは場の力だ。

京都という町には、強い場の力がある。

『京極スタンド』があんなに自由な酒場なのに酔ってくだを巻けないのも、舞妓たちがこの上もなくプロフェッショナルなのも、そして『神馬』のアルバイトの子たちが優秀なのも。

もっと言えば、京都にはこんなにたくさんの老舗があって、それぞれの老舗が今という時代に生き生きと対応して、新しいものを生み出し続けているのも。

京都の町の持つ強い「場の力」のゆえなのだ。

少し説明が必要かもしれない。

京都に存在する場の力

「場の力」ということを考えるようになったのは、錦市場を歩いていたときのことだ。

京都は散歩をするにもいい町だ。

とにかく散歩の場所に事欠かない。鴨川や桂川、琵琶湖疏水など景色の良い水際の道はもちろんだけど、この町ではA地点からB地点への徒歩移動がすべて散歩になる。

なにしろ迷うということがない。見知らぬ通りをいい加減に歩いて、何回道を曲がろうとも、頭の中にはアバウトな現在位置がマッピングされる。東西と南北の道しか存在しないからだ。いや、斜めの道もまったくないわけじゃないけれど。

マッピングが曖昧になったら、通りの角でどっちに東山が見えるか確かめればいい。あるいは、遠くに西の愛宕山が見えるかもしれない。それでもわからなくなったら、道を曲がるのをやめて真っ直ぐに歩けば、必ず東西か南北かの大通りに出るわけだ。

そうやってうろうろ歩いていると、「当店のコーヒーにご満足頂けなかった場合、代金は要りません」なんて貼り紙をした喫茶店があって、中を覗くと一癖ありそうなマスターが、細口のポットを傾けて糸のような湯をコーヒーに落としていたりする。ドアを開ければ、その日の散歩はそれで終わりだけれど、それがまた楽しいわけだ。

絶対に横道に入らないと決めて、一本の通りをひたすらたとえば北へ上っていくのも楽しい。まあそういう場合は徒歩ではなく自転車を借りる。中心部から外れるにしたがって町並みの雰囲気が徐々に変わっていくのを眺めながら自転車を走らせていると、猟期に入ると見事な猪肉を店頭に並べる肉店が出現したりして、冬の猪肉もこの町の名物であったことを知る。ちなみにそれは寺町通の『改進亭総本店』なのだが、ここの焼き豚は旨い。ただし売り切れも多い。幸運にも店頭で見つけたら迷わず買いましょう。

……錦市場の話だった。

錦市場はそういう意味では、散歩向きではないかもしれない。のんびりと町の雰囲気にひたったり、考え事をしながらそぞろ歩きをするような場所ではない。最近は海外からの観光客も増え、時間帯によっては混んでいるを通り越してほとんどごった返している。

それでも空いた小腹を抱えて、この通りを歩くのは楽しい。野菜、漬け物、焼き魚、煮魚、海の魚、川の魚、ちりめんじゃこ、鰹節、昆布、塩昆布、卵、鶏肉、牛肉、生麩、湯葉、油揚げ、豆腐、餅、団子……。間口の狭いそれぞれの店先に、あれやこれやの食材が、ぎゅうぎゅう詰めに詰め込まれている。

それがなんともいえずおいしそうで、ここが大切なところなのだが、なおかつ独特の美しさに満ちている。

ミニマリズムの極致のような、シンプルな茶室の美とはまた別種の美しさだ。茶道が上流階級の文化なら、この町の庶民が作り上げた美しさといってもいい。

けれどそれは町の上層が作り上げたミニマリズムの美しさ、たとえば柱と障子の桟と畳の目、縦横に直交する線で構成された「何もない空間」の美しさの対極にあるようで、実は深い部分で通じている。

限られた狭い枠の中にありとあらゆるモノが詰め込まれているのだけれど、それが混沌には少しも傾かず、涙ぐましいまでにきちんとある秩序に沿って並んでいる。あるいは並べられている。

たとえば魚商の店頭の木枠に、焼き上げた鱧の串が隙間もなく並んでいる。八百屋の店先の樽に自然薯《じねんじょ》が積み上げられている。鱧も自然薯も形は不定形で、完璧に揃えるのは不可能だが、そのモノの形なりに整然と並べられている。鱧に打たれた金串はすべて真っ直ぐに揃い、自然薯に貼られた横長のラベルの向きの水平が揃っている。

たとえばあなたがそこで焼き上がったばかりの鱧を一串渡されて、「これをそこに置いて」と言われたら、どこに置けばいいか迷うことはない。あるいはあなたが自然薯だったとして、ラップにくるまれお腹に値段のラベルを貼られたら、自分があの樽のどこにどのような向きで収まるべきかは考えなくてもわかる。

つまりそれが、京都の「場の力」だ。

京都にはまるで磁場のように、さまざまな場の力が存在している。碁盤の目の中に商店や町家がきっちりと並んでいるように、その力はその場の人に作用して、他の人との正しい距離感と行動の枠組みを教える。

空気を読むというけれど、京都の場合には空気の中にその場の行動規範までが書き込まれているようなところがある。『京極スタンド』のホールに立てば京都のおばちゃんでなくても、きっと自分がどう動けばいいかわかるはずだ。舞妓も『神馬』でアルバイトをしている女子大生も、多くが地方の出身者だ。それでも舞妓になれば自分がどうふるまうべきかがわかるし、カウンターの中に入れば自分が次にどう動けばいいかわかるようになる。

……いや、何もかも完璧にというわけではない。その役割を果たすには知識や修練が必要なこともあるだろう。場の力が人をロボットのように動かして、決まった役割を果たさせるということではない。

錦市場の話に戻すなら八百屋の樽の上には、ラベルがきちんと揃った自然薯がすでに並んでいるということだ。その並んでいるということが磁石のような働きをして、後からそここにやって来た自然薯も迷うことなく正しい向きに並ぶ。

窮屈な感じがするかもしれないけれど、本人はそんな風には受け止めないはずだ。無理矢理動かされるのではなく、そうしたいという自発的な気持ちからなのだから。自然薯にしたらラベルが揃っている方が気持ちいい。

それを不自由と考えるのは、サッカー選手に「手が使えなくて不自由で嫌じゃないですか？」と聞くのと同じことだ。

不自由ではなく、それはゲームのルールなのだ。

ルールがあるからゲームが成り立つわけで、手を使えないという枠組みの中にこそサッカー選手の自由はある。ボールを持って五人抜きしたって何の意味もない。

つまりそれが文化ということだ。

文化とは物質ではない。絵画や彫刻や交響曲そのものが、文化なわけではない。それを理解したり批評したりする人がいてはじめて、それは文化としての意味を持つ。

文化とは、突き詰めればゲームのルールを知っているということだ。茶道のルールがわからなければ、長次郎の黒楽茶碗もただの土の塊なのだ。

京都の場の力が強いのは、町の人がゲームのルールを知っているからだ。大人の文化ということだ。京都では文化を正しく大人が支配している。だから若者も、そこに入れば正確にルールを理解する。

客との関係、他人の目、自分のプライド、店の歴史……。さまざまな力が網の目のように絡み合って、京都の店に場の力を与えている。

そういう場の力が、人にどう行動すべきかを教える。

たとえば良いバーが、客に酒の飲み方を自然に教えるように。

鯉濃を食べるならあの店に行こう

「東京と京都は何が違うんだろう。昨日、寝ながら考えてたんですけど……」

西田稔さんは、そう前置きをして話し始めた。

京都には個性的なバーがたくさんある。

西田さんは三十歳で開業した『Bar K6』を手始めに、以後ほぼ十年ごとに斬新なコンセプトの新しいバーを作り上げてきた。バーという西洋的な空間でありながら、彼と話していていつも連想するのは千利休のことだ。

人を迎える空間としてのバーは現代の茶室だ。突飛な空想だけれど、もしも利休が現代に生きていたらバーを作ったに違いないと思う。

京都と東京はどう違うのか、違わないのか。ストレートな質問を彼にぶつけたのは、利休ならどう考えたかがきっとわかるような気がしたからだ。

「これはよく言われることかもしれませんが、東京には文明があって、京都には文化があるんだと思います。

文明というのは、人が新しいものをどんどん生み出していって、そこに産業ができていく。それが文明なんだけど、その文明が文化に変わっていく瞬間がある。

その文明の部分は東京に任せて、京都は文化を練り上げていってる町なんだろうと思うんです。それが京都と東京の大きな違いだと思う。

京都は文化が根づいてる。だけど東京で文化なんてことを言い出すと、まだやってんの、そんな古いこと、どんどん時代が変わっているんだよ、なんて言われてしまいそうです。

文明が文化になる前に飽きられていってしまうのが、東京なんじゃないでしょうか。

たとえば京都の鯖寿司は、新鮮な魚が手に入らなかった時代の産物です。若狭で獲れた鯖を塩で締めて、馬の背に載せて京都へ運んで鯖寿司ができたわけです。だけど今みたいに流通が発達して、生のおいしい鯖が食べられるようになっても、まだ京都では鯖寿司を作っていて、どこの鯖寿司がおいしいとか言っているわけです。

京都には川魚の店がまだ何軒もあります。昔は新鮮な海の魚を手に入れるのが難しかったから、京都で魚といえば川や湖で獲れるものだったという話を聞いています。

それはもう昔の話になりましたけど、今の我々も季節になったら川魚をみんな楽しむ習慣が残ってるんです。鯉《こい》も鮒《ふな》も、それからもちろん鮎も食べる。

その文化がなくならずに、季節が来たら季節に合わせて、その魚を食べに行く。それはこれから何年経っても変わらないと思う。

それを変えようとしてる料理人さんもいるけど、これがなかなか変え切れない。それはお客さんが、変えさせないから。この魚もおいしいけど、やっぱりこの季節はあの魚が食べたいよ、と言われてしまうんですね。

この季節になったら、どこどこの店に行って、あれを食べようというのが僕らの育ってきた京都の食文化なんです。だから一年に一回しか行かない店なんていっぱいあるんですけど、その一年に一回、鯉濃《こいこく》を食べるならここの店に行こうよ、鰻を食べるならここに行こうよという形で、みんなが憶えているから、京都にこれだけ店が増えようが、その店はずっと歴史として生き残っていける。一年経つとまたそれが食べたくなるから。

京都の料理のレベルはほんとに上がってます。東京ほどではないにしても、いろんな国の料理が食べられるし、新しいお店もほんとに増えました。

でも店を出た途端に、店主の顔も憶えてないし、盛りつけも憶えていないような店もたくさん増えました。それは日本中どこでもそうなのかもわかりませんけれど。

でも京都では、ほんとにいい店は変わらない。

変えないんですね。

変えないんだけど、変えないというのはずっと変わってないんじゃなくて、心を変えないだけで、料理そのものは少しずつ進化していってる。

今は進化させるんではなくて、大きく物事を変えて、斬新な料理をという時代になってるような気がします。何かがばーっと流行して、でもすぐに忘れられてしまう。

京都はお客さんの気づかれない進化を続けて、料理を作っているんです。だから客は何十年も同じ店で同じものを食べているつもりでも、実はちょっとずつより良いものをということで変わっているんですけどね。

それが文化で、そういうものがたくさん残っていて、みんながまだそれを大事にしているのが、京都という町なんやろうなと思います。

そういうDNAを僕らは父親や、お客さんから受け継いでいるんです」

十年我慢すれば京都の町が守ってくれる

西田さんがこの世界に足を踏み入れたのは十八歳のときだ。

同志社大学の学生時代、河原町にあったパブでアルバイトを始めた。学生がコンパをするような、客が三百人入る大きなパブだった。

「『今から六十人入れる?』という電話がかかってきて、グラスを六十個並べてスコップで氷を入れていく、みたいなことを毎日のようにやってました。それはそれで面白かったんですけどね」

二十二歳になったとき、そのパブを経営する鹿六《かろく》の社長にこう言われた。

「これもいいけどバーがやってみたいんだよ」

「バーってどんなですか?」

「いや俺もよくわかんないんだけどさ」

西田が頼ったのは東京の毛利隆雄氏だった。

この伝説的なバーテンダーに伝手《つて》があったわけではない。電話をかけて事情を話し、一週間だけカウンターに入れてほしいと頼んだら、快く受け入れてくれた。

東京で一週間、毎朝グレープフルーツを搾り、グラスを洗った。

最後の日、毛利氏に水割りを作るように言われた。

その水割りを飲んで、毛利氏は言った。

「西田君な、君の店ではこれでいいかもしれないけれど、銀座ではお金が取れないよ」

理由を聞いたが答えてはくれなかった。

「それは、君が考えなさい」

京都に帰ると、社長がパブの片隅にバーを作ってくれた。

バーの名は鹿六という社名にちなんで『K6』とした。

それから三年間、休みのたびにバーブックを片手に日本中のバーを回った。毛利に言われたことを考え続けた。その頃には、バーテンダーを一生の仕事にすると決めていた。

大学では文学部で心理学を専攻した。教師かカウンセラーになるつもりだった。

「人の心の声を聞く仕事がしたかったんです。カウンセラーをするとか、子どもの悩みを聞くとか。でも、バーにいて気がついた。お客様がここでお酒を飲んだときに話すことって、その人の心の声なんです。会社の社長がここに来て『西田君、聞いてくれよ』って、社員の誰にも話せないようなことを話し始める。そういう経験を何度もして、自分がやりたかったことは、このカウンターの中でもできるかもしれないと思うようになったんです。家に帰る勇気を与えてあげられる一杯の酒を作れるバーテンダーになりたいって」

二十五歳のとき、東京の客から新しいジャズクラブのプロデュースの仕事のオファーを受ける。五年後には京都に戻り自分のバーを作るという約束で東京に出て、十歳も二十歳も歳上の従業員たちと、「毎日のように喧嘩をしながら」ジャズクラブのクオリティを上げる仕事に専念する。任されていたのは飲食部門のプロデュースで、自分の舌には自信があったのだ。若い彼が育て上げたのが、当時の東京で『ブルーノート』と人気を二分するといわれた『キーストーンクラブ』だ。

そして五年後、約束通り京都に戻って『Bar K6』を開業する。

パブに作ったあのバーの名を受け継いだのだ。

「パブでやってたときは馴染みのお客さんもついてくれていたので、みんな来てくれるだろうから僕の作った十二席のバーなんてすぐに一杯になると思ってました。だけどオープンして半年間はガラガラでした」

この最初の『K6』に、コンセプトというようなものはなかったという。ただ、東京のバーを五年間見続けて、京都のバーはなんだか違うなあという思いだけがあった。

「当時から東京にはバーという文明があったんです。フレッシュなフルーツをお客さんの目の前で搾ったり、機械を使ったり。そういうものをそのまま持ち込む気はなかったけれど、自分なりに何か違うものが作りたかったんです。せっかくバーに来てもらったんだから、お客様にお酒と向き合ってほしかった」

だから客とはほとんど会話もせずに、ひたすら酒を作っていた。

「僕が作ったお酒を楽しんでください、って。でもほんとにお客さんが来てくれなかったですね。体力だけはあったから、昼は喫茶店もやってました。お金を持たずにオープンしたので、棚のボトルもスカスカだったんです。だけど、ないと言うのが嫌だった。お客様に『昔、〇〇って酒があったんだけど、あれはおいしかったな』と言われたら、『飲まれますか?』と言いたかった。負けず嫌いだったんです」

だからその時代はずっと、店の支払いをして残ったお金は全部ボトルに変えていた。今も西田さんの部屋には当時集めたウイスキーが三千本、ワインと合わせて六千本ある。

『K6』を開業するとき、京都の先輩に言われたことがあった。

「『西田、何があっても十年間は我慢しろ。十年頑張れば町が守ってくれるから。それまでは何があってもやり続けろ』と言われたんです。京都という町には、そういうところがあるんです。簡単には受け入れないんだけれど、ちゃんとどこかから見てる。そして一所懸命にやってれば、やがて応援してくれるようになる」

「文明が文化になる瞬間」というのは、つまりそういうことを言っているのだろう。

町の人に受け入れられて、ひとつの「文明」に過ぎなかったものがこの町の「文化」の一部になる。

受け入れられるようになるまでには時間がかかる。それはこの町の厳しさでもあるけれど、この町の人はそうやって時間の淘汰を受けたものを大切にする。そしてそれを親から子へ、子から孫へと受け継いでいく。

そうやって受け継がれたものが集まって、この町はできている。

だから、この町の人々の目は厳しい。

そうやって受け継がれた、たくさんの良いものを見ているからだ。

けれどそれこそが、この町の文化を育む力でもあるのだろう。

もっとも『K6』がこの町に受け入れられるまでに、長い時間はかからなかった。

「あそこのカクテル、おいしいよ」という評判が広まって、半年を過ぎた頃から経営が軌道に乗り始め、五年後には店を広げてアイリッシュパブを始めた。

その五年後に、シャンパーニュ専門の『Bar Kugel』をオープンさせる。シャンパンバーが巷《ちまた》に出現し始める少し前のことだ。

そして九年後に『Bar Keller』を開業する。会員制のウイスキーバーだ。

なんとなくダークブラウンの重厚な内装を想像していたのだけれど、思っていたよりも店の中は明るい。それはバーの象徴ともいうべき幅広の分厚いカウンターが、ウイスキーの新樽のような無垢《むく》の白木だからだ。

「何も塗装していない白木のままなんです。お客様の手の脂がついていかないといい色にならない。二十年はかかるでしょうね。それくらい時が流れたら、いい感じになるようにしてくれって頼みました。僕の次の代になって、改装するような店は作りたくなかったんです。百年経って、この店はいいねって言ってもらえたら嬉しい。だからお金はいくらかかってもいいから、その代わり嘘のないものを使ってほしいと」

彼が昔訪ねたアルマニャックの蔵に時計が置かれていて、一年で一分しか動かない針がついていた。その針が一周したときにブランデーはようやく飲み頃を迎えるのだと、蔵の人が教えてくれたそうだ。六十年後においしくなるものを自分たちは作っている。今年飲み頃になったブランデーは祖父が摘んだブドウからできている。だから自分も自分がまだ顔を知らない将来の孫のためにブドウの木を植えるんだ、と。

「伝統を大事にしているから、未来のことが考えられるんですよね。そういうことがわかっている人がたくさん住んでいるのが、京都という町なんだと思います。僕には子どももいないですから、この店を残すにはバーテンダーを育てるしかない。そのためには多くのバーテンダーを雇える空間を作らなきゃいけない。だから店を増やしていったのかもしれません。僕が死んだ後もこのバーはここになければいけない。それは今いらしてくださってるお客様との無言の約束だから。今のお客様のお子さんやお孫さんが、いつかここに来てくださる日のことを考えておくのは僕の責任なんです」

伝統を大切にするということは、未来を考えるということでもある。

私の耳には痛い言葉だった。そんな十年も二十年も先のことを考えて仕事をしたことなど今までに一度もない。来年のことを考えるくらいがせいぜいで、それもただ自分や家族のためでしかない。今という時間を消費するだけで生きてきたような気がする。

未来の人々のことを考えて生きるべきだなどと、偉そうなことをいうつもりはない。

けれど彼のように、自然に過去と未来につながって生きるということが、人間らしい生き方だとは思うようになった。

そんな大袈裟な話ではない。

たとえば人生で最初のバーが父親の行きつけの店で、自分の子が成人したときに連れて行くのがそのバーであるというような。その程度の、ごく当たり前の（当たり前だと思う）些細な望みだ。

そもそもそういうことが可能なバーを探すのが、東京ではなかなか難しい相談になってしまったという話だ。

けれど、これは根の深い問題でもある。

京都の香りのするハイボール

京都に旅するのは楽しいけれど、よそ者が京都で暮らすのは難しいという「定説」がある。この町では人づきあいが大変で、外部の人には閉鎖的だからだという。それは実際にそういう経験をした人の実感でもあるのだろうから、頭から否定するつもりはない。

でも、どんなことでもそうだけれど、モノはやりようでもある。

京都は「場の力」が強い町だから、やり方によってはそこから弾かれてしまうということもあるだろう。けれど、逆にそういうことを理解していれば、この町と上手くやっていくことは十分に可能だし、実際に上手くやっている人はたくさんいる。

京都の文化はそういう人たちが作っているともいえる。

それは京都が、ある面でとても柔軟な町でもあるからだ。

たとえば西田さんは、新しいバーを次々に世に問うている。バーテンダーを育てるためということを彼は言っていたけれど、それだけではないはずだ。

京都に生まれ育った彼は、伝統の価値をよく知り伝統を守る人だけれど、本質は「遊びをせんとや生まれけむ」の人なのだ（と私は思っている）。それは彼が作るのが、その時点で流行っているタイプのバーではないということからもわかる。流行を追いかけているわけではないのだ。

にもかかわらず、彼のバーには明確な新しいコンセプトがある。空間の造りにも、置かれている酒にも、それに合わせる肴にも迷いがない。

利休がそれまでの常識を覆す三畳とか二畳の狭い茶室を次々に作り、躙《にじ》り口を設けたり壁を荒壁にしたり、さまざまな工夫を重ねていったのと、それは同じ心だ。

西田さんが作っているのは、つまり新しい「遊び場」なのだ。

そのために、たとえば『Kugel』のときは「西日本の誰にも負けないくらい」シャンパンを飲んで、最良のボトルを集めていたりするわけだけれど。

そうやって開業したバーが、絶対に世に受け入れられるという保証はない。それは賭けでもあるわけだけれど、賭けであるからこそ面白い。新しいバーを作ること自体が、彼にとっては人生の大切な「遊び」なのだと思う。

彼が作った新しい店は瞬く間に予約するのも大変な店になってしまう。『Keller』を会員制にしたのも、理由のひとつはそれだろう。長い歳月をかけて熟成するウイスキーを楽しむには、時間のゆっくり流れる空間が必要なのだ。

会員資格は特にない。誰にでも扉は開かれている。もっとも残念ながら三百五十名の会員枠はすぐにいっぱいになり、入会希望のウエイティングリストは長い列だ。彼のこの新しい「茶室」を覗くには、だからすでにその資格を得た友人の助けがいる。会員かその同伴者でなければ、入店はかなわないからだ。

けれど、まあ、それも「遊び」のひとつではある。

そういう「遊び」が京都のバーにはある。

そしてその「遊び」はやがて文化になる。茶道がそうであったように。

京都の人は、そういう「遊び」をよく理解する。


祇園の縄手通に『幾星』というバーがある。

東京でいうなら銀座七丁目か八丁目あたり、周囲は有名料理店や高級クラブ、バーなどがひしめく地域だ。

今、バーと書いてしまったけれど、この店の経営者でありバーテンダーでもある織田浩彰さんはバーという言葉の代わりに喫酒《きっしゅ》という独自の造語を使っている。

だから正しくは『幾星』はバーではなく喫酒だ。

ちょっと変わっている。

けれど本人は大真面目で、喫酒という言葉を作った理由をこう語る。

「日本は外国の文化を上手に自分たちの文化に変えてしまいますよね。ラーメンの元は中国の料理だけれど、今やラーメンという日本の料理になっています。バーも日本に入って百年なんで、そろそろ日本文化でいいんじゃないかと。それで喫酒としました。鮨屋とか割烹とか、蕎麦屋をやるような感じでバーをやりたいんです。まだ、ぜんぜんそこまで行っていないですけれど」

置いている酒も個性的だ。バックバーの大半を占めるのはリキュール。ヨーロッパの山岳地帯の薬草系リキュールを中心に五百本あまりが並んでいる。

私はこの店をFacebookで知った。

何日かおきに彼が作ったオリジナルのカクテルの写真がタイムラインに流れてくる。それが、独創的で気が利いていて、好奇心を刺激するのだ。

葉《は》山《わさび》葵のジントニック、木の芽のモヒート、オイルインフュージョンマティーニ、ピスタチオリケールとフランボワーズのソルベ、蕗《ふき》の薹《とう》のフローズンマルガリータ、レッドアイズマルゲリータ、夏蜜柑チェッロのサワー、夏牛蒡《ごぼう》のスーズカシス……。

それぞれのカクテルの写真に添えた説明の文章がまた呑み心をくすぐる。

たとえば彼が今年の夏、パリのバーで作ったカクテル。


「夏牛蒡のスーズカシス。

フランスの主に南部で飲まれている「フォン デュ キュロット」というカクテルに、自家製の干し牛蒡を漬け込んだ、白ワインを加えます。スーズに使われるゲンチアナには、似た香りがありますし、なにより牛蒡を可食するのは日本だけだそう。フランスリキュールの中で花開く、日本の土と水の味。日仏の架け橋として、まずは同じ農業国としてのプライドで勝負したい。そう思うわけです」

彼はこの二年間、夏になるとリキュールの調査のために、フランスやイタリアの山岳地帯を巡っている。今年はパリのバーに招かれ、日本人のバーテンダーとして四種類の自作のカクテルを披露した。そのうちの一品だ。

干し牛蒡を漬けた白ワインがどんな味になって、フォン デュ キュロットなるカクテルがいかなるものか見当もつかないのだが、なんだか無性に飲んでみたくなる。まあこれはパリに行かなきゃ飲めないのだろうけれど……。

どんな人かずっと気になっていたのだけれど、実際に会って驚いたのはその若さだ。今年、三十四歳。店を開業したのは三年前で、しかも彼は京都の生まれではない。長野の進学校で、友人たちがみんな東京志向なのになんとなく反発を感じて、京都の大学に進学した。学生時代は司法書士を目指していたのだけれど、アルバイトがきっかけで酒に興味を持つようになり川端二条のバーに勤めた。

「正統派のバーではありません。ちょっとした食事を出して、グラス一杯何百円のワインが何種類かあってというカフェバーですね。それをオーナーの意向に逆らって、ちょっとずつ変えていった。そんなことをしている間に酒屋さんと知り合ったり、いろんな人との出会いがあって、そういう人たちの後押しで三年前に店を開くことができた。祇園に店を出せることになったのも、ほんとに偶然なんです」

祇園のこの場所は物件を探していて、偶々《たまたま》見つけた。何も知らなかったから、ポンとここに入って店ができた。もしも今他の場所で店をやっていたら、祇園に来ようとは思わなかったと言う。

「名門のバーで修行したわけでもないし、経験もありませんでした。お客さんの前に立つには、足りないものだらけです。でもその隙間を京都の酒屋さんやインポーターさんが埋めてくれたんです。丁寧にお酒をあつかっている酒屋さんから買っているので、それだけは自信を持ってお客さんにお酒を出せる」

そうはいっても、才能豊かな人なのだ。彼の作る数々の独創的なカクテルはおいしいだけで終わっていない。インスピレーションに満ち飲み手の想像力を喚起する力がある。季節の恵みを巧みに使っているからだ。そのために頻繁に京都周辺の山に入る。京都のやり方を心得ているのだ。店のロゴも切り絵風の看板も彼の自作だが、そう教えられるまでプロの手によるものとばかり思っていた。バーテンダーは彼の天職だったのだと思う。

バーの棚を薬草系リキュールで埋めたのも、彼なりの理由がある。

「もちろん自分が好きなのが第一の理由です。まず、味が好きだということ。それからお酒としての面白さがある。ウイスキーもワインも、普通のお酒は味の方向性がある程度決まっていますよね。ウイスキーはウイスキーの味がする。ところがリキュールは漬ける植物によって味の方向性が三百六十度の方向に広がるんです。だから、いろいろ面白いことができる。もうひとつの理由は、未開拓というところです。ウイスキーがすごい流行ってるじゃないですか。それを僕の歳で始めても、五十代の年期の入った人たちの後塵《こうじん》を拝するしかない。どうやっても勝てない。それくらいなら、自分で未開の土地を開拓していく方が面白いし可能性もある。それに他のバーと競合しない。リキュールを五百本も置いているバーなんて他にはありませんから」

つまり彼には才能もあるし、彼なりの戦略もあってこのバーを始めたわけだ。けれどそれにしても、気になったのは彼の年齢とキャリアと、そしてそこが祇園であるということだ。そんなに簡単に商売ができる場所なのだろうか。よそ者が京都で暮らすのは大変と言うけれど、祇園でバーをするのはもっと大変なのではないか。人づきあいの苦労はないのかと尋ねると笑顔になった。

「それはウイスキーで勝負しないのと同じですね。急ごしらえで人間関係を構築しようとしても破綻するだけですから。人づきあいって結局どこまでやるかだと思うんです。たとえばお茶屋のおかあさんにお土産持って行って、たとえば謡を習って、上層部の人にご挨拶に行って、お店に来てくれたらお礼状書いてとかやっていったらしんどいと思うんですけど、そういうことを一切やらなかった」

つきあいはゼロか百かなので、ゼロに賭けた。それで問題が起きたことはない。そういう意味で、人間関係の難しさは経験していないと言う。

「背伸びして迎合しても見透かされるだけだと思うんです。今自分にできるのは、今日来てくださった目の前のお客さんとのおつきあいだけにフォーカスすることしかない。とにかく自分がいいものを出そうと決めて、お客さんのためにおいしいお酒を作ることだけに専念したんです」

不思議なもので、地道にやっている姿を、誰かが見ていてくれるらしい。新しい店ができたということだけで、来てくれる客がいた。

「そういう中に世話好きのおじさんとかがいて、お前の店はここが良くないと教えてくれるんです。その話を真面目に聞いてやってると、だんだん見てくれる人が増えてきて、なんとかやっていけるようになる」

そうやってできた人間関係は続いていくから、売り上げが減ることはない。時間はかかるけれど、正直な仕事をしていれば、客は少しずつ増えていく。

「もちろんまったくつきあわないということではないんだけど、そういう感じで外から見ていると、京都の町の構造はすごくよくできていると思います。とにかくみなさん、お茶屋さんのおかあさんとか舞妓さんとかを怖がるわけですよ。何百年も続いた老舗の社長さんでも、十七歳の舞妓さんに頭が上がらない構造になっている。どんな偉い人でも誰かに頭が上がらないように、町が構造化されている。威張っていたら、頭打ちにされる。そうやって上を叩いて、下の者に伸びる余地を作ってるんですね。セイフティネットがちゃんとある。だから僕らのような新参者には、むしろ優しい。真面目な仕事さえしていれば、助けてくれる人が必ずいる。それが京都という町なんだと思います」

彼と話していて思い出した光景がある。

ある古い老舗の社長を取材したときのことだ。

話が終わって、彼は紹介したい店があるからと私を夕食に誘った。若い夫婦がやっている小料理屋だった。包丁を握る若い主人の父親の代からのつきあいだと言う。

「近頃料理の腕を上げた」と言っていた社長の言葉通りの、心づくしの料理を楽しんだのだけれど、ひとつだけ気を揉んだことがあった。社長がとにかくいろいろ注文をつけるのだ。おしぼりはもうちょっと冷やした方がいいとか、料理を運ぶタイミングが早すぎるとか遅いとか、料理の説明がなってないとか。京都弁で冗談めかした叱り口調がおかしくて笑って聞いてはいたけれど、給仕をする若い妻が気の毒で内心はらはらしていた。

そのくせ店を出ると、「ええ店やったやろ。今度来たときは使ってやってや」なんて言っている。京都の人は口うるさいというのはこういうことかとそのときは思ったけれど、そういう風にして京都の大人は若木を育てているわけだ。

確かに京都の人は口うるさくてお節介だったりするけれど、そこにはとても人間的なものが流れている。人と人のつながりが町を作るという、当たり前の町の姿がここにはある。

そしてそういう町を存続させるには、常に新しいものをその中に取り込んでいく仕組みが必要なのだ。だからこの町は、「下の者」に優しい。

もしも既得権益だらけになってしまったら、町はとっくに滅びていたはずだ。だからたとえば織田さんの『幾星』のような新しい試みに好奇心を持つ人たちがどこからか現れて、手助けをするようになる。若木が育たなければ、森に未来はないからだ。

織田さんが柚子の香りのするウォッカでハイボールを作ってくれた。刺激の強い柚子の皮ではなくて、柚子の葉を使うところが彼の工夫だ。柚子の葉をウォッカの中でマドリングして、つまり葉を押し潰しながら攪拌《かくはん》して裏漉しをかけると、ウォッカに柚子の柔らかな香りだけを移すことができるのだ。

炭酸とウォッカの向こうにある、ごく淡い柚子の香りだけを楽しむという趣向だ。

それはとても「京都的」な味のするハイボールだった。

「京都」が日本を再生させる

京都の町を歩いているといろいろなことを考える。

それはどこかにも書いたけれど、ここでは私が無責任な旅人だということにもよる。わかりやすく言えば、京都にいる私は浮かれている。だから些細なことでも、さすが京都だとか、やっぱり京都は違うと感動する。京都はいいなあと思う。

たとえばこういうことだ。

京都にはいい喫茶店がまだたくさんある。まだというのは、かつては東京にもそういう喫茶店がたくさんあったはずだからだ。

有名な喫茶店ではなくて、ごく普通の町の喫茶店だ。

地元のおじさんやおばさんがモーニングを食べたり、新聞を読みながら朝の一杯のコーヒーを飲んで、煙草を一本吸って帰っていくような。コーヒーの味は、まあ普通だ。だけどサンドイッチの具がたっぷり入っていて旨かったりする。

そういう店が好きなのは、店員の動きがいいからだ。もうその話はたっぷり書いたつもりだから詳細は割愛するけれど、きびきびしていて動きに無駄がない。それはその店が繁盛しているからで、だからきっと東京の昔の喫茶店もこんなだったのかなあなどと考えながら、いつまでもその動きを目で追っていたりする。見飽きることがない。

烏丸《からすま》通のある喫茶店では、テーブルに置かれた百円ライターにまで感心させられた。

一個ではなくて、三個の百円ライターがセロハンテープで巻いてあるのだ。

なるほどなと思った。煙草を吸う人ならわかると思うけれど、店でライターを借りて家に帰ってポケットからそのライターを発見するということがある。わざと持ち帰ったのではなくて、無意識にポケットに入れてしまうのだ。百円ライターだと、特にそういうことはありがちだ。

三個つなげたライターはそのやんわりした防止策に違いない。「ライターのお持ち帰りはおやめください」と書くよりよほど気が利いていて、客に一瞬の嫌な思いをさせない。豪快に三個つなげてあるから、「どうぞどうぞ、どんどん火をおつけください」と言われているような気さえする。

それを見て、さすが京都の知恵だなあと旅人は感心する。客を傷つけずに、でも「持ち帰らないでね」というメッセージはきちんと送っているわけだ。

と、そこまで考えてふと思う。

そういうことをしている喫茶店は、東京にもあるかもしれない。東京にだって、気の利いた人はいる。それを見たときに、私はそれを「京都的」だと思うのだろうか。

この本に書いたことは、すべてそれに類することだとも言える。

京都にいるから、それが京都的に見えるというだけのことかもしれない。

けれどそれなら京都的というのは、いったい何を指してそう言っているのだろう。

そんなことを考えているうちに、よくわからなくなる。

何かについての「論」を書くときは、いつもこの問題がつきまとう。

書き始めるまではははっきりと見えていたはずのものが、書き始めた途端に曖昧であやふやなものに思えてくる。

富士山に登れば富士山が見えなくなるように、近づき過ぎると今度は見えなくなる。

「京都的」などと言っているけれど、ほんとうにそんなものがあるのだろうか。それは自分の頭の中の妄想でしかないんじゃないか。

ただ、そこまで疑ってみても、どうしてもその存在を否定できない「京都的」なものがひとつだけある。


東京には普通の店がなくなってしまった、と言う人がいる。

高級な店とコンビニエンスな店はいくらでもあるけれど、その間のごく普通の、人の匂いのする店が町から急速に消滅しつつあるというのだ。

その代わりに竈で炊いたご飯とか、お袋の味を売り物にする類いのチェーン店が増えて、そういう店が若者で賑わっていたりする。

それは、実は京都の問題でもあったりする。

確かに京都にはまだ「普通の店」がたくさんあるけれど、十年先のことは誰にもわからない。百円ライターを三つつなげている喫茶店にしても、客層の中心はやっぱり中高年だったりするわけだ。あるいは何かのガイドブックを見て、京都ローカルの喫茶店を覗きに来た外国の旅行者か。

今の京都の若い人が主にどこに群がってコーヒーを飲んでいるかといえば、やっぱりそれは東京と同じなのだ。いや、グローバリズムの落とし子みたいなチェーン店のことを悪く言うつもりはこれっぽっちもない。これもどこかに書いたけれど、この原稿のかなりの部分はそこで書いていたわけだし。

だけど間違っても、せっかくの京都でその類いの店には入らない。だから町のあちこちに、そういう店が増えていても私の目には入っていない。

そういうチェーン店が京都の町にもかなり進出しているのは事実なのだ。

それはバーにしても料理屋にしても、お茶の問題にしてもそうだ。京番茶の消費量は減っていて、今は主流がほうじ茶にシフトしているという話も聞いた。当たり前の話だけど京都も現代日本の一部であって、この町も東京と同じ問題に直面している。

東京にある問題は京都にもある。

けれど、京都という町はそういう問題に抵抗する力を持っている。

過去の歴史を振り返れば、京都は何度もそういう文化的圧力に晒されながら、それでも京都は京都であり続けてきた。

それは京都という町が生きているからだ。

生物が体内に侵入した異物を排除する免疫システムに守られているように、京都という町もある種の免疫システムを持っている。京都の人の保守性やある種の閉鎖性はその免疫システムの発露でもある。「イケズ」というのも、つまりはそういうことではないか。

京都という町は、樹木が大地に根を下ろすようにこの町を取り囲む自然の中に根を張り巡らせ、太陽に向かって枝葉を伸ばすように伝統や文化という次世代のための枝葉を茂らせている。

そこで生きている人たちも、この町にそれぞれの根を伸ばし、枝葉を茂らせている。場合によってはトゲも生やしていたりする。

そういう風に私の目には見える。

それがつまり、どうしてもその存在を否定できない「京都的」なものの正体だ。

なぜそれがわかるのかと言えば、東京にはもはやそんなものはどこにも存在していないからだ。東京のみならず、それが日本全体の趨勢《すうせい》になっている。

京都という町は、その激流の中に大岩のように屹立《きつりつ》している。

そういう強さが京都にはある。

国道沿いの景観が象徴しているように、現代日本は個性を捨て均質化してつまらなくなる一方だ。地方は疲弊し東京は混沌とし、日本はその進むべき未来を見失っている。

少子化はもはや避けられない日本の近未来の運命なのに、人口が減少し続けるこの日本列島にどんな社会を築くべきかを考えている人は極めて少ない。

けれど、やらなければならないことは決まっている。

世界がどう変わろうと、人が人であるためには「町」が必要なのだ。

人間関係がマニュアルでしか築けない、次の世代など想像しようともしない形ばかりの町ではない。人と人が世代を超えてつながり、過去の知恵の上に現在の工夫を重ね未来を思うことのできる、生きている町だ。

そういう町を再構築できるか否かに、この国の将来はかかっている。

京都という町はつまり、日本再生の処方箋なのだ。

著者略歴

石川拓治《いしかわたくじ》

一九六一年茨城県生まれ。

早稲田大学法学部卒業。フリーランスライター。

二〇〇八年刊行のノンフィクション『奇跡のリンゴ　「絶対不可能」を覆した農家　木村秋則の記録』（幻冬舎文庫）が映画化され累計45万部のベストセラーに。

その他の著書に、『天才シェフの絶対温度　「HAJIME」米田肇の物語』（幻冬舎文庫）、『新宿ベル・エポック』（小学館）、『茶色のシマウマ、世界を変える』（ダイヤモンド社）などがある。

幻冬舎新書 473

京都・イケズの正体

二〇一七年十一月三十日　第一刷発行

著者　石川拓治
発行人　見城　徹
編集人　志儀保博

発行所　株式会社　幻冬舎
〒一五一-〇〇五一　東京都渋谷区千駄ヶ谷四-九-七
電話　〇三-五四一一-六二一一(編集)
〇三-五四一一-六二二二(営業)
振替　〇〇一二〇-八-七六七六四三

ブックデザイン　鈴木成一デザイン室
印刷・製本所　株式会社　光邦

Printed in Japan　ISBN978-4-344-98474-5 C0295
い-29-1

幻冬舎ホームページアドレス http://www.gentosha.co.jp/
＊この本に関するご意見・ご感想をメールでお寄せいただく場合は、comment@gentosha.co.jp まで。

幻冬舎新書

柏井壽
京都の路地裏
生粋の京都人が教えるひそかな愉しみ

観光地化された京都で、古き良き都らしさを知りたければ、路地裏の細道へ。地元民が参拝に通う小さな寺社、一子相伝の和菓子屋、舞妓さんが通う洋食屋……。京都のカリスマによる厳選情報。

柏井壽
京都の定番

「京都の定番」といえば、有名な寺社仏閣、京料理の名店、桜に紅葉に祇園祭。だが、知ってはいても、「正しい愉しみ方」について語れる人は少ない。京都のカリスマによる京都案内決定版。

橋本麻里
日本の国宝100

縄文時代の『火焰型土器』や、日本仏教の出発点といえる法隆寺『釈迦三尊像及び両脇侍像』など、1000以上ある国宝の中から100を厳選解説。国宝を通して浮き彫りになるこの国の成り立ち。

山下景子
現存12天守閣

防御地点として、権力の象徴として100以上も全国に点在した天守だが、戦乱の荒波や時代の移り変わりのなかで今や現存はたった12。奇しくも残った12城をぶらり探索。城の歴史や見所を詳述。

幻冬舎新書

山村竜也
幕末武士の京都グルメ日記
「伊庭八郎征西日記」を読む

隻腕の武士・伊庭八郎が、将軍・家茂の京都上洛に帯同した際に記した「征西日記」の全文を現代語訳し詳細に解説。京都グルメに舌鼓を打つ幕末武士のリアルな日常が実感できる稀有なる一冊。

中村圭志
教養としての仏教入門
身近な17キーワードから学ぶ

宗教を平易に説くことで定評のある著者が、日本人なら耳にしたことのあるキーワードを軸に仏教を分かりやすく解説。仏教の歴史、宗派の違い、一神教との比較など、基礎知識を網羅できる一冊。

佐々木閑　大栗博司
真理の探究
仏教と宇宙物理学の対話

仏教と宇宙物理学。アプローチこそ違うが、真理を求めて両者が到達したのは、「人生に生きる意味はない」という結論だった！　当代一流の仏教学者と物理学者が縦横無尽に語り尽くす、この世界の真実。

出口治明
本物の教養
人生を面白くする

教養とは人生を面白くするツールであり、ビジネス社会を生き抜くための最強の武器である。読書・人との出会い・旅・語学・情報収集・思考法等々、ビジネス界きっての教養人が明かす知的生産の全方法。